La Malédiction de Sarah Winchester

Céline du Chéné

La Malédiction de Sarah Winchester

La contre-enquête

Michel Lafon

Illustration de verso de couverture :
Jérôme Poret, « Whisper Room »

118, avenue Achille-Peretti – CS 70022
92521 Neuilly-sur-Seine Cedex
www.michel-lafon.com

Aux solitaires incompris.es, aux constructeurs
et constructrices de l'étrange, à tous les facteurs
Cheval du monde qui, envers et contre tout,
poursuivent leurs rêves les plus fous.

Une maison où je vais seul en appelant
Un nom que le silence et les murs me renvoient,
Une étrange maison qui se tient dans ma voix
Et qu'habite le vent.

Pierre Seghers

Portrait de Sarah Winchester, pris entre 1884 et 1900. Collection Carl Hansen, ©History San Jose.

Prologue

La première fois que j'ai entendu parler de maisons hantées, j'ai éclaté de rire. Et pourtant Stéphanie Sauget, qui se trouvait en face de moi, montrait un visage impassible. Professeure en histoire contemporaine à l'université de Tours, elle venait de publier un essai historique sur les lieux habités par les esprits, âmes errantes ou fantômes, un thème qui jusqu'alors se cantonnait à l'art et la littérature fantastiques. Je découvrais que la maison hantée était devenue un objet d'étude on ne peut plus sérieux qui, de surcroît, pouvait s'enseigner à l'université.

Car oui, les maisons hantées n'ont pas toujours existé, m'apprend Stéphanie Sauget. Elles s'inscrivent dans un espace géographique précis – les mondes anglo-saxons et français – et un temps bien déterminé, celui du XIXe siècle, âge d'or des spirites et des chasseurs de fantômes, une époque où la hantise passionnait aussi bien l'Église et les scientifiques que la presse.

Parmi toutes les maisons hantées examinées par Stéphanie Sauget, une retient particulièrement mon attention : une bâtisse édifiée à San Jose, près de San Francisco, sur la côte ouest des États-Unis. L'historienne me précise que cette demeure, qui existe toujours, a été construite par une veuve richissime née sur la côte est du pays. Cette femme, Sarah Winchester (1839-1922), aurait passé trente-huit ans de son existence à faire bâtir, 24 heures sur 24, une habitation labyrinthique qui va « enfler de pièce en pièce » jusqu'à en comporter, selon certaines sources, plus de cinq cents, sur sept étages, avec des escaliers qui ne mènent nulle part ou des portes qui s'ouvrent sur des murs…

Le plan de cette maison ferait vaciller n'importe quel visiteur sain d'esprit : il ressemble à un dédale dans lequel d'innombrables salles à manger et chambres à coucher se succèdent sans cohérence apparente, alors que sa propriétaire vivait seule. On raconte aussi que Sarah Winchester était spirite et qu'elle communiquait toutes les nuits avec l'au-delà. La demeure aurait ainsi été conçue comme un extraordinaire piège à fantômes, dans le but de capturer les esprits qui la poursuivaient, tous victimes de la célèbre carabine dont elle portait le nom. Car une malédiction pesait sur la veuve et seule la construction de cette demeure, sans la moindre interruption jusqu'à la fin de ses jours, lui permettrait de rester en vie. De quels crimes le nom de famille de Sarah Winchester la rendait-il coupable ? Croyait-elle à cette histoire ou avait-elle basculé dans la démence, comme ses contemporains le disaient ? À moins qu'il n'y ait d'autres fils à tirer que ceux de la superstition et de la folie…

Pour avoir longtemps travaillé sur l'histoire des sorcières, je savais combien une femme vivant seule pouvait vite attirer la suspicion, nourrir les pires rumeurs et être mise au pilori. Bien sûr, à la fin du XIXe siècle, les bûchers de Salem ne brûlent plus, mais sous les cendres rougissent encore des braises tout aussi menaçantes : si Sarah Winchester n'a jamais été considérée comme sorcière, son projet de construction de maison infinie pouvait définitivement la ranger du côté des folles, des possédées, des hystériques qui, dans l'imaginaire collectif occidental, ont remplacé les sorcières des Temps modernes. Pourtant, dans une perspective plus actuelle et moins négative, sa fantasque maison pourrait alors tout aussi bien symboliser l'indépendance d'une veuve en avance sur son temps et dont la liberté suscitait les pires ragots…

Le parcours de Sarah Winchester, rempli de mystères et de zones d'ombre, ainsi que son étrange bâtisse m'interpellaient, venant titiller mon goût pour le mystérieux. L'étrange ne permet-il pas d'échapper à un monde froid, devenu souvent trop technique et rationnel ? Depuis une quinzaine d'années, ma collaboration à l'émission « Mauvais genres » sur France Culture me permet de cultiver ce goût du bizarre en partant à la rencontre de personnalités atypiques, des artistes qui s'épanouissent davantage sur les lisières que sur les grands chemins fréquentés. La mort et les mondes invisibles sont souvent au cœur de leurs préoccupations artistiques. En construisant sa maison labyrinthique, Sarah Winchester, même si elle ne se considérait pas comme une artiste, me paraissait se situer du côté des *outsiders*, de celles et ceux qui choisissent les chemins de traverse.

Mais pour comprendre cette femme peu ordinaire et sa demeure hors du commun, il nous faudra faire un détour par les mondes invisibles – qu'il s'agisse des esprits ou de notre rapport à la mort –, et aussi par l'histoire la plus cruelle, en particulier celle de la destruction des peuples amérindiens, ainsi que la fascination morbide que nourrissent les États-Unis pour les armes à feu.

Première partie

La malédiction Winchester

« Mesdames, messieurs, nous avons atteint notre vitesse de croisière à 882 kilomètres/heure. Actuellement, notre Boeing 777 survole l'océan Atlantique à plus de 12 000 mètres d'altitude. Beau temps sur le trajet avec quelques petites turbulences prévues à notre arrivée à San Francisco où le ciel sera légèrement voilé pour une température au sol de 15 degrés. »

Le hublot laisse apercevoir une mer de nuages illuminée par un soleil incandescent. L'immensité aveuglante que notre avion traverse avec tant de facilité me renvoie à ce même ciel que les hommes et les femmes du XIXe siècle ne pouvaient contempler que du sol. Qui aurait pu deviner, à cette époque, que l'Amérique pourrait se découvrir autrement que par bateau ?

Le monde dans lequel Sarah Winchester a vécu pendant plus de quatre-vingts ans s'avère une période de bouleversements techniques inconcevables. Peut-on, l'espace d'un instant, se laisser aller à imaginer l'arrivée de l'électricité dans une maison ? Appuyer sur un interrupteur pour illuminer une pièce – geste ô combien banal aujourd'hui – se vivait au XIXe siècle comme un instant presque magique. Tout comme la voix et les sons dorénavant capturés sur un cylindre de métal et transportés instantanément à l'autre bout du monde par des fils de cuivre. En l'espace d'un demi-siècle, le merveilleux, à travers la modernité, était entré dans l'univers des Occidentaux. La photographie, le téléphone, le télégraphe, pour ne citer qu'eux, sont autant de techniques qui vont rendre l'invisible matériel et familier. Avec la photographie, le souvenir est fixé pour l'éternité sur un papier, avec le phonographe, la voix se fait entendre à distance, le dialogue en temps quasi réel s'instaure entre les deux rives de l'Atlantique grâce à l'alphabet codé du télégraphe. En moins d'un demi-siècle, l'impensable devient réalité.

Tout deviendrait donc possible ? Si l'on construit des machines qui nous permettent désormais de communiquer avec des personnes qui habitent à des centaines de kilomètres de distance, pourquoi ne pas en envisager d'autres qui établiraient un dialogue avec les morts ? Aujourd'hui, cette idée semble bien naïve. Mais dans cette seconde moitié du XIXe siècle, elle n'était en rien saugrenue, tant les sciences ouvraient des portes sur des mondes jusqu'alors impensés. On oublie que dans la France rationnelle et cartésienne de l'époque, au tournant du XXe siècle, les plus grands scientifiques se passionnaient pour les phénomènes occultes. Dans les laboratoires, on étudiait les tables tournantes, on tentait d'établir une communication avec les esprits. Les physiciens Pierre et Marie Curie ont activement participé à des séances de spiritisme, le physiologiste Charles Richet, prix Nobel de médecine en 1913, s'enfiévrait pour les fantômes, l'astronome Camille Flammarion faisait tourner les tables dans son salon et publia un certain nombre d'ouvrages dans lesquels il proclamait sa croyance au spiritisme, une doctrine qui a entraîné de grands espoirs, allant au-delà des questions scientifiques : en dépassant le clivage entre science et religion, le spiritisme pourrait déboucher sur une société meilleure… Même si de nombreuses voix commencèrent à crier à la supercherie, sciences dures et parallèles continueront à cohabiter, bon gré mal gré, jusque dans les années 1930.

Sarah Winchester, quoique vivant une grande partie de son existence semi-recluse dans sa maison labyrinthique, demeurait néanmoins une femme de son temps. Tout en construisant sa folle demeure, elle lisait les journaux, suivait l'actualité. Elle devait connaître les théories spirites très en vogue de son époque, appréciait la modernité puisqu'elle était arrivée en Californie dans le train à vapeur qui, dès 1870, pouvait relier New York à San Francisco en huit jours, au lieu des trois à quatre mois habituels en diligence.

Sa maison de San Jose, à la fois trésor d'architecture et écrin dans lequel se protéger, était-elle réellement un mode de communication avec l'au-delà ou une façon de réenchanter le monde cruel dans lequel elle vivait ?

Le chemin de fer de San Jose, photographie extraite des vues stréréoscopiques, collection de Robert N. Dennis.
© Historic Collection / Alamy

– 1 –

Welcome to San Jose !

Bienvenue dans l'une des villes les plus riches du monde ! San Jose, troisième plus grande métropole de Californie avec son million d'habitants, affiche une insolente santé économique. « Capitale de la Silicon Valley » depuis 1988, elle atteint la troisième place mondiale en termes de PIB par habitant et détient le titre de la cinquième ville la plus chère au monde pour se loger. C'est ici que eBay, Adobe Inc., PayPal, Samsung, qui ont contribué à forger l'image de la Silicon Valley, se sont implantés.

Sarah Winchester aurait bien du mal à reconnaître San Jose. Durant l'hiver 1885-1886, quittant le climat rude de sa ville d'origine, New Haven (Connecticut), elle était arrivée dans ce qui n'était alors qu'une petite bourgade perdue au milieu des champs. Fondé en 1777 par les Espagnols le long du *Camino Real*, la grand-route qui reliait les vingt et une missions – ces établissements religieux espagnols de Californie, popularisés dans *Zorro* ou *Sueurs froides* de Hitchcock –, San Jose assurait la subsistance de deux forteresses voisines, les *presidios* de San Francisco et de Monterey. Devenue mexicaine en 1821, la Californie passe sous le contrôle des États-Unis après une guerre sanglante (1846-1848) et devient, en 1850, le trente et unième État du pays. Quand Sarah Winchester pose le pied sur le sol californien, la région a la réputation d'être un paradis grâce à son climat clément, ses champs fertiles et sa végétation luxuriante. Et San Jose passe pour un havre de paix ensoleillé et riant.

La 5th Street de San Jose, aux environs de 1900.
©This old Postcard/Alamy.

Pourtant, aujourd'hui, la première chose qui frappe lorsqu'on cherche la maison de Sarah Winchester sur un plan de la ville, c'est le maillage très serré de routes dans lequel elle se trouve. À l'ouest, le boulevard Winchester la longe de ses six voies, et au sud, l'autoroute 280, qui relie San Francisco à San Jose, est large de huit voies. Pour arriver à la maison, il faut remonter l'interminable boulevard Winchester, dont la monotonie n'est rompue que par des successions de centres commerciaux. Quelques panneaux publicitaires nous annoncent la présence prochaine de la maison de Sarah Winchester. De couleur bleu métallique, ils portent le dessin d'une carabine et la façade de la maison, entourés de l'inscription *Winchester Mystery House* et accompagnés, en lettres capitales, du slogan *Beautiful & Bizarre*.

– 2 –

Naissance d'une légende

J'ai encore en tête l'une des rares photographies représentant la maison lorsque Sarah Winchester y vivait. Elle appartient aujourd'hui aux archives historiques de la ville de San Jose et a été prise entre 1886 – l'année où Sarah Winchester emménage en Californie – et 1906, date du tremblement de terre de San Francisco, qui détruira une partie de la demeure. Cette photo frappe par sa densité : le cliché semble incapable d'englober la maison en entier, comme si le bâtiment débordait de toutes parts et refusait de se laisser emprisonner. Impossible d'apercevoir le sol ou des portes, la photo paraît avoir été prise du haut d'un arbre et laisse entrevoir les derniers étages d'un manoir de style victorien, dont les multiples toitures semblent se reproduire à l'infini. « *Ce qui surprend avant tout, lorsque l'on regarde ce cliché, c'est l'accumulation, cet ensemble de toits surmontés de pinacles pointus, saillants, et qui diffusent une impression d'agressivité et de menace* », avait noté Philippe Baudouin, à qui j'avais montré cette photo.

La maison de Sarah Winchester avant le tremblement de terre de 1906. Cliché issu de l'album photographique de la famille Hansen.
© Courtesy, History San Jose.

Spécialiste du spiritisme et auteur de nombreux ouvrages sur les phénomènes de l'étrange, Philippe Baudouin fait partie des personnes qui m'aideront à démonter la mécanique de cette étrange maison. Scrutant la photographie de plus près, il avait poursuivi : « *Quand on prend la peine de regarder dans le détail – l'œil a tendance à se perdre dans cette image –, on distingue sur l'un des pinacles de métal une girouette représentant un cheval au galop surmontant le mot* wise *("sage"). L'animal au galop semble faire écho à l'obsession de Sarah Winchester pour le mouvement : il fallait à tout prix construire sans jamais s'arrêter. En revanche,* wise *entre en complète contradiction avec le projet démesuré de Sarah Winchester et la folie qu'il représente. Du moins en apparence. »*

Une extravagance que ne semble pas contredire le très officiel *Historic American Buildings Survey* des États-Unis, l'équivalent de notre service de protection des Monuments historiques. Inscrite en 1981 au registre national des demeures historiques, *The National Register of Historic Places*, on y décrit la maison Winchester comme une habitation aussi surprenante qu'inclassable : *« Construite sur une période de trente-huit ans parce que sa propriétaire, Sarah Winchester, pensait qu'elle vivrait aussi longtemps que la construction durerait, la maison contient 160 pièces et couvre plus de deux hectares. Parmi les 40 escaliers et 2 000 portes que comporte la demeure, certains ne mènent nulle part. »* Huit ans plus tôt, en 1973, le Registre des Monuments historiques de Californie avait enregistré la maison sous le numéro 868, en rapportant les mêmes informations, tout en précisant que la demeure comportait de nombreux éléments de style victorien et des pièces de mobilier au *« design élégant »*.

Ce récit bien ficelé – pour ne pas dire une « légende officielle » – va devoir être expliqué et peut-être, aussi, décrypté et mis à mal. « *Une des difficultés importantes liées à cette histoire*, m'avait expliqué l'historienne Stéphanie Sauget, l'une de mes principales interlocutrices dans cette enquête, *tient à l'absence de documents. On n'a retrouvé ni plan, ni journal intime, ni même la correspondance que Sarah Winchester entretenait avec sa famille. Pas plus qu'il n'existe de récit ou de description de la maison de son vivant. En réalité, les discours autour d'elle et de la* Winchester House *que nous connaissons proviennent soit de la presse (mais ils décrivent la demeure de l'extérieur) soit de visites de particuliers, mais effectuées après la mort de sa propriétaire. Fort heureusement, il nous reste les témoignages de ses employés.* »

L'historienne américaine Mary Jo Ignoffo, autrice d'une biographie remarquable sur Sarah Winchester, avait elle aussi insisté sur l'absence de sources précises concernant l'histoire de la maison et de sa propriétaire, malgré les nombreux (et farfelus) sites internet qui lui sont consacrés. Après un long et acharné travail de recherche dans les archives, Mary Jo Ignoffo a cependant réussi à retracer les grandes dates de la vie de Sarah Winchester.

C'est en 1886 qu'elle s'installe à San Jose, quittant le Connecticut pour la Californie. Sarah

Winchester a alors 46 ans et de nombreux deuils marquent déjà sa vie : en 1866, elle a perdu son enfant unique, Annie, à six semaines, puis à partir de 1880, en l'espace de quatre ans, elle a vu mourir sa mère, son beau-père, son mari William Wirt Winchester et sa sœur aînée. À la mort de son époux en 1881, Sarah Winchester se retrouve dépositaire de la moitié de la fortune de l'entreprise familiale qu'elle partage avec sa belle-mère, et devient, de fait, immensément riche. Elle n'a jamais habité seule, n'a jamais géré d'argent ni fait le moindre investissement financier. Dans un premier temps, elle voyage en Europe puis rentre aux États-Unis. Premier signe d'indépendance dans une vie jusqu'alors réglée et placée dans l'ombre de la famille et du mari ? On ignore tout de ce périple, ainsi que de ses raisons : peut-être la volonté, déjà, de mettre à distance un passé douloureux et une famille trop présente ? Quelques années plus tard, fin 1885, elle quitte sa ville natale, New Haven (située entre New York et Boston), traverse le pays d'est en ouest et s'installe en Californie, où elle ne connaît personne. Pourquoi quitte-t-elle sa région d'origine, qui est aussi le berceau de sa famille ? Choix remarquable pour une femme de son époque qu'on aurait plus volontiers imaginée s'occupant de sa belle-mère et de bonnes œuvres dans sa ville de naissance.

Aujourd'hui, toute personne qui cherche des informations sur cette femme se retrouve inévitablement confrontée aux mêmes éléments, véritable base de la « légende Sarah Winchester » qui, comme tous les contes à succès, entremêle fantômes, drames et folie : Sarah Winchester aurait pris la décision de bâtir une maison à San Jose à la suite d'une séance de spiritisme, doctrine très en vogue au XIXe siècle. Au cours de celle-ci, un médium de Boston lui aurait révélé que, pour apaiser les âmes des victimes des carabines Winchester, il lui faudrait leur construire une demeure, sans cesse agrandie, jour et nuit, jusqu'à sa propre mort. Le médium lui aurait expliqué que sa fortune liée au succès commercial des carabines, instruments de mort entachés du sang versé pendant la conquête de l'Ouest, constituait une véritable malédiction. C'est donc pour cette raison que la veuve aurait acheté un ranch en Californie. Démarre alors un chantier, que tous décrivent comme titanesque, et qui ne s'achèvera qu'à sa mort, en 1922. Cette construction démentielle est systématiquement associée au spiritisme : on raconte ainsi que chaque matin, Sarah Winchester présentait à ses artisans les plans que lui avaient soufflés les esprits pendant la nuit. Elle ne dormait jamais deux nuits d'affilée dans la même chambre, ce qui explique aussi la forme labyrinthique de la maison : il fallait capturer les esprits, mais aussi leur échapper en passant perpétuellement d'une pièce à l'autre.

Autre point qui revient de façon incessante, la solitude de Sarah Winchester. Cette maison immense, qui possédait plusieurs salles de bal et des dizaines de chambres, n'abritait personne à part sa propriétaire qui y vivait en recluse, comme coupée du monde.

– 3 –

Sarah et les siens

Qui donc était cette veuve d'une quarantaine d'années qui dialoguait avec les mondes invisibles, solitaire, mais propriétaire d'une immense maison capable d'accueillir des centaines d'invités ? Son mystère ne s'avère pas facile à percer car, comme pour beaucoup de femmes du XIXe siècle, m'avait précisé Stéphanie Sauget, on ne dispose que de rares éléments biographiques assurés. Les sources officielles se résument généralement à quelques dates : naissance, mariage et mort, ainsi que le nombre d'enfants. C'est à peu près tout, d'autant que Sarah Winchester, contrairement à beaucoup d'autres femmes de sa condition et dans ce siècle, ne rédigea aucun journal intime. En revanche, nous sommes plutôt bien renseignés sur le milieu social dans lequel elle passa la première partie de son existence. Sarah, née Pardee, appartient à la bourgeoisie de la côte est. Les Pardee, installés dans la colonie anglaise dès le XVIIe siècle, font partie de ces familles qui vont construire l'Amérique telle qu'elle se raconte aujourd'hui – celle des Wasp, les *White Anglo-Saxon Protestants*. C'est George Pardee, le plus lointain ancêtre de Sarah Winchester, qui, fuyant les persécutions anglaises à l'encontre des puritains, débarque à New Haven en 1644, quelques années à peine après la fondation de la ville. Deux siècles plus tard, Sarah Pardee naît en 1839 dans cette ville du Connecticut, devenue une agréable cité portuaire, connue pour son université, la célèbre Yale, ses jardins et son *green* où les habitants aiment à se promener. Elle grandit dans une famille relativement aisée, unie et aimante, au sein d'une fratrie de quatre sœurs et un frère. À sa naissance, ses parents la prénomment Sarah, comme sa mère et leur première enfant, morte en bas âge, suivi de « Lockwood », du prénom d'un ami d'enfance de son père, Lockwood Sanford, talentueux graveur sur bois. Mais tous la surnommeront Sallie, comme sa grand-mère paternelle, et elle-même signera d'ailleurs toute sa correspondance de ce surnom.

Son père, Leonard Pardee, exerçait le métier de charpentier. Malgré la crise économique des années 1830 et la perte de son emploi, on le retrouve, en 1847, propriétaire d'une florissante entreprise de bois, pleinement reconnu pour ses qualités d'artisan, expert dans l'art architectural alors à la mode, le style victorien. Inspirée des demeures historiques européennes, cette architecture popularisée durant le règne de la reine Victoria (1837-1901) privilégie des volumes souvent monumentaux et n'hésite pas à multiplier – jusqu'à l'excès – les formes ornementales (tourelles, lucarnes, corniches, colonnes…). Car la côte est reste encore un petit bout d'Europe, contrairement aux terres inconnues et « sauvages » de l'Ouest. Sur les bords de l'Atlantique, on retrouve les vieilles cités, fondées par les émigrants anglo-saxons, comme Boston ou New Haven, les meilleures universités, comme Harvard ou Yale, dans lesquelles se côtoient les descendants de la bonne bourgeoisie Wasp. De plus, la côte est bénéficie dès la fin de la guerre de Sécession (1865) d'un puissant dynamisme économique et d'une explosion démographique – ainsi, la population de Baltimore double entre 1860 et 1890. L'or venu de Californie, puis l'industrialisation rapide et le laisser-faire économique (l'impôt sur le revenu, créé durant la guerre de Sécession, est supprimé) contribuent à enrichir une minorité – les Rockfeller, Vanderbilt et autres Carnegie, que la presse surnomme parfois les « barons » – qui marque cette époque, une période *bling bling* que l'écrivain Mark Twain désigne sous le terme de *Gilded Age*, « Âge plaqué or ».

Lorsqu'il déménage dans un des quartiers les plus chics de la ville, *The Wooster Square*, Leonard Pardee possède une très confortable situation, lui permettant d'embaucher une gouvernante irlandaise à domicile et de donner des cours particuliers de musique et de français à ses cinq enfants, explique Mary Jo Ignoffo dans son essai *Captive of the Labyrinth: Sarah Winchester, Heiress to the Rifle Fortune*. On oppose souvent Sarah, pudique et réservée, à l'une de ses sœurs, Isabelle, surnommée « Belle », au caractère exubérant – ce qui n'empêchait pas les deux sœurs de s'entendre à merveille.

Alors, introvertie Sarah ? C'est en tout cas l'impression qui se dégage du plus ancien portrait d'elle qui nous soit parvenu. La photographie, en noir et blanc puis colorée à la main, a été prise une dizaine d'années après son mariage, vers 1872, par le photographe alors à la mode Isaiah West Taber (1830-1912), à l'occasion d'un voyage professionnel qu'effectua son mari William à San Francisco. On découvre une femme âgée d'une trentaine d'années, légèrement de profil, à la chevelure stricte encadrant un visage rond aux traits fins. Ses yeux, emplis de douceur, regardent au loin. La fixité du regard contribue à baigner le cliché de mélancolie… Sarah se remit-elle jamais de la perte de son unique enfant, décédé six ans avant ce voyage ?

L'autre photographie que nous conservons d'elle fut réalisée bien plus tard, encore sur la côte ouest, dans son jardin de San Jose. La voici assise à l'arrière d'une calèche, son cocher en haut-de-forme tenant les rênes d'un cheval qui n'apparaît pas, donnant l'impression d'une photo mal cadrée, comme prise à la va-vite. Sarah Winchester, emmitouflée dans un manteau qui remonte jusqu'au cou, porte une jupe claire. Ses cheveux devenus blancs sont toujours parfaitement disciplinés. Mais, cette fois-ci, elle sourit au photographe. À la vue de cette photo, on se souvient que, devenue âgée, la veuve était atteinte de polyarthrite rhumatismale rendant le moindre déplacement très douloureux.

Détail d'une photographie de Sarah Winchester dans son jardin, collection de la famille Lieb. ©History San Jose.

Ses calèches puis ses voitures lui permettaient de voyager sans avoir à marcher. Car à mesure que les années passaient, son handicap augmentait, ses membres s'atrophiant et se recroquevillant. Désormais, elle ne se déplaçait plus qu'en fauteuil roulant. Cette progressive déchéance physique n'avait pas échappé aux dizaines d'ouvriers et de domestiques employés par la veuve Winchester. Certains artisans n'hésitaient pas à évoquer, dans leur courrier, la compassion que leur inspirait la souffrance de cette vieille femme, infirme et vêtue de noir. Pire, en étudiant les archives de Sarah Winchester, l'historienne Mary Jo Ignoffo a découvert que des milliers de dollars avaient été engloutis en frais dentaires… et qu'un procès l'opposa à son dentiste. La perte de sa dentition la poussera à passer les vingt dernières années de sa vie le visage masqué par une voilette. Détail vestimentaire éminemment romanesque qui ne manquera pas d'ajouter du mystère au mystère… Malgré cette santé vacillante, elle décédera à l'âge honorable de 83 ans, quarante et un ans après son mari adoré, William Wirt Winchester.

Sarah Pardee est âgée de 23 ans quand elle épouse William Wirt Winchester, héritier de la fabrique d'armes du même nom. La cérémonie se déroule le 30 septembre 1862, en pleine guerre de Sécession (1861-1865). Les époux se connaissent depuis l'enfance et réalisent, chose rare, un mariage d'amour. William est né en 1837, deux ans avant Sarah. Il est le cadet d'une fratrie de quatre enfants, dont un petit garçon mort avant ses 2 ans. Ses parents, Oliver Winchester et Jane Ellen Hope, lui ont donné ce nom en hommage à William Wirt (1772-1834), procureur général des États-Unis sous la présidence de James Monroe et de John Quincy Adams, à qui Oliver Winchester vouait une grande admiration, tant pour ses aspirations politiques que pour son esprit d'entreprise. Le jeune William bénéficie d'une solide éducation grâce à un père dont l'énergie et la volonté forcent le respect de tous.

En effet, né en 1810 à Boston dans une famille pauvre, Oliver Winchester a connu une enfance chaotique. Orphelin de père très jeune, il n'a quasiment pas été scolarisé et se retrouve, ainsi que son frère jumeau, placé dans une ferme lors du remariage de sa mère. Adolescents, les deux frères tentent leur chance à Baltimore et finissent par monter un magasin de vêtements, The Winchester & Compagny, qu'ils sauront faire prospérer. En 1846, la petite entreprise déménage plus au nord, à New Haven. Oliver abandonne son commerce à son frère et s'associe à John Davies, un drapier venu de New York, avec qui il fait fructifier son commerce de chemises : The Winchester & Davies Shirt Manufactory ouvre en 1848 et rencontre, quelques années plus tard, un succès inouï. Puis, souhaitant diversifier leurs activités, Davies et

Winchester rachètent, en 1857, une société d'armes et s'associent à Benjamin T. Henry, un habile mécanicien qui révolutionnera le fusil, une arme jusqu'alors considérée comme lourde, imprécise et lente à recharger. En 1865, Oliver crée The Winchester Repeating Arms Company, abandonne définitivement l'habillement pour le commerce des armes et prend son fils William Wirt comme adjoint.

Photographie de William Wirt Winchester prise au studio Bundy & Stoddard de New Haven, Connecticut, entre 1870 et 1881. ©History San Jose.

L'usage de la photographie, inventée en 1839, devient répandu dans la bonne société dans les années 1860. Mais, comme pour Sarah, les portraits de William sont rarissimes… En réalité, nous ne disposons que d'un unique cliché, pris à New Haven, au studio Bundy and Stoddard. On y découvre un jeune homme au teint pâle, aux yeux et cheveux clairs, doté, selon la mode du temps, de longues rouflaquettes. On l'imagine grand et mince, il porte un costume trois-pièces qui paraît presque trop large pour lui. Depuis son mariage en 1862, William a emménagé avec sa jeune épouse chez ses parents, Oliver et Jane Winchester. Dans cette même maison vivent aussi les deux sœurs de William, Jennie et Annie, ainsi que l'époux et les deux enfants de cette dernière.

Le mariage – d'amour, rappelons-le – entre Sarah et William se déroule tandis que la situation du pays s'assombrit dramatiquement. Depuis plusieurs mois, un conflit ravage les États-Unis. Dans cette guerre civile, que l'on appellera « de Sécession » (1861-1865), les États du Sud demandent leur indépendance. Ceux du Nord entendent maintenir l'union du pays et, dans un second temps, supprimer le régime esclavagiste à la base du modèle économiste sudiste. Les hostilités bouleversent, à leur niveau, la famille Winchester : la guerre interrompt l'approvisionnement de l'entreprise de vêtements d'Oliver Winchester, privée du coton sudiste. L'armée nordiste a besoin de soldats. Leonard Pardee, le frère de Sarah, s'enrôle dans les rangs unionistes dès le déclenchement des hostilités, tout comme Homer Sprague, le mari de sa sœur Antoinette. À 24 ans, William serait, lui aussi, en âge de combattre, mais contrairement à ses beaux-frères, il ne se porte pas sur la liste des volontaires. Lorsque le président Lincoln instaure la conscription militaire en 1863, les services de santé exemptent William, peut-être en raison de la tuberculose qui commence déjà à le ronger. Le jeune marié passe donc les années de guerre à New Haven, mais n'échappe pas au deuil. Sa sœur meurt en 1863 en donnant naissance à un enfant, prénommé William, qui ne lui survivra que quelques jours.

Deux ans plus tard, l'horizon semble pourtant s'éclaircir. La guerre prend fin le 9 avril 1865 et, quelques semaines plus tard, Sarah tombe enceinte. Une petite Annie naît en mai 1866. Joie de courte durée, le nourrisson meurt brutalement six semaines plus tard. Sarah et William demeurent inconsolables. Ils n'auront pas d'autre enfant.

Si 1866 s'annonce donc comme une année terrible pour la famille, elle marque en revanche le début de la réussite de la Winchester Repeating

Arms Company, avec la mise sur le marché de la carabine Winchester modèle 1866, le premier succès commercial de l'entreprise. Six ans plus tard, la société conçoit la Winchester 1873, qui sera vendue dans le monde entier. Oliver Winchester, l'orphelin miséreux, s'impose désormais comme l'un des entrepreneurs les plus riches des États-Unis. À son tour, William, qui seconde son père, montre d'excellentes capacités à faire fructifier l'entreprise.

En 1880, Oliver Winchester meurt à l'âge de 70 ans. Cette année-là, 26 500 carabines ont été vendues par la Winchester Repeating Arms Company, qui pèse alors plusieurs millions de dollars et dispose de liquidités considérables. Son fils William reprend les rênes de la florissante entreprise, qui a écoulé plus de 200 000 fusils depuis 1869. Mais sa santé se dégrade soudainement, et il décède quelques mois seulement après son père, à peine âgé de 43 ans. Sentant la mort venir, William avait pris soin de régler ses affaires et avait rédigé un testament en faveur de son épouse. À sa mort, Sarah se retrouve à la tête de l'une des plus grosses fortunes américaines.

Elle fait inhumer son mari auprès de leur enfant Annie, à New Haven, au cimetière d'Evergreen, non pas dans le caveau familial des Winchester, mais dans une tombe séparée, comme si, suggère Mary Jo Ignoffo, cette petite famille qui n'avait jamais possédé de maison en propre l'avait trouvée dans l'au-delà. Sur la pierre en granit gris, un décor végétal finement incisé entoure les noms de William et Annie :

William Wirt Winchester died March, 7, 1881, aged 43 years

Annie Pardee, infant, daughter of William W. and Sarah L. Winchester

Aux personnages de cette tragédie, Sarah, William et Annie, il faut ajouter un dernier protagoniste, essentiel, sans lequel la malédiction ne se serait jamais abattue sur cette famille : la Winchester, carabine à répétition capable d'un tir à cadence continu. Mais comme pour la maison Winchester, on se retrouve devant une histoire dans laquelle vérité et fiction sont inextricablement mêlées, enrichie sans cesse par les médias de masse depuis la fin du XIXe siècle, qu'il s'agisse de l'écrit ou du cinéma. Parmi les plus célèbres carabines sorties des usines Winchester, on trouve la 1866, surnommée *Yellow Boy* en raison de la plaque de laiton doré qui couvre sa culasse, écoulée à plus de 170 000 exemplaires.

L'histoire de cette carabine ne naît pourtant pas avec Oliver Winchester. Elle est le fruit d'une série de brevets, progressivement perfectionnés par quelques inventeurs cherchant à dépasser des difficultés techniques liées au poids du canon, au problème des munitions et à la complexité des mécanismes de chargement. En 1860, l'armurier Benjamin Tyler Henry conçoit une arme d'épaule révolutionnaire, capable de tirer à répétition grâce à un levier placé en sous-garde. Cette innovation octroie au propriétaire de cette arme une cadence de tir largement supérieure à celle des traditionnels fusils à rechargement par la bouche. L'arme fait des ravages contre les Amérindiens et les Sudistes, comme lors de la bataille de Franklin, en 1864, où une charge est repoussée par une poignée de Nordistes armés de fusils Henry. Son unique défaut ? Cette arme d'épaule est chère, donc rare. Le rachat par Olivier Winchester de la New Haven Arms Company, détenue par Henry, va permettre de la fabriquer à grande échelle, et plus seulement pour le marché américain. Si le modèle 1866 rencontre le succès auprès des civils américains, on le retrouve aussi entre les mains des soldats turcs, qui repoussent dans le Caucase les troupes du tsar durant la guerre russo-turque de 1877-1878, opposant l'Empire russe à l'Empire ottoman.

Dans l'imaginaire américain, la Winchester incarne la conquête de l'Ouest, avec notamment le modèle suivant, sorti en 1873 et surnommé *The Gun that won the West*. Cette arme se retrouve aussi bien entre les mains des cow-boys ou des hors-la-loi que des chasseurs de bisons et des chercheurs d'or. Devenue un symbole de liberté, elle accompagne les portraits des grandes figures du Far West, qu'il s'agisse de Billy the Kid, Calamity Jane, les Dalton ou Buffalo Bill. Avec son contemporain, le revolver Colt Frontier – dont les munitions sont interchangeables avec la carabine 1873 –, la Winchester incarne un même mythe, patriotique et viril. Arme mythique pour les Américains, Hollywood lui consacre même un film en 1950 – avec James Stewart et dirigé par Anthony Mann –, sobrement intitulé *Winchester '73*.

Autre exemple de la place de cette arme dans la culture populaire : la « Winchester oubliée », découverte en 2014 appuyée contre un genévrier dans le parc national du Grand Bassin (Nevada). Fabriquée en 1882, elle a reposé là jusqu'à sa découverte par des archéologues. Depuis, elle enflamme l'imagination des visiteurs du musée où elle est exposée. Le modèle 1873 assure le succès des colonisateurs américains au cours des interminables guerres indiennes (1778-1890). Même si l'armée américaine n'adopte pas officiellement cette arme, on la retrouve aux côtés de tous ceux qui s'aventurent dans l'Ouest « sauvage ».

Le succès de cette arme, légère et maniable, s'affirme au fur et à mesure du perfectionnement des modèles. La 1873 a été produite à

720 000 exemplaires. Mais le succès sera encore plus grand avec le dernier type de Winchester, sorti en 1894. Tirant une cartouche maison puissante et sans fumée – la 30/30, développée spécialement pour ce modèle –, cette carabine s'écoule à plus de sept millions d'exemplaires – et sera produite jusque dans les dernières décennies du XXe siècle. Utilisée à grande échelle pour la chasse, la 1894 incarne définitivement la légende de l'Ouest en armant tout aussi bien les cow-boys d'Hollywood que des poilus et aviateurs de 1914-1918.

Loin d'être un inventeur de talent, Oliver Winchester, l'ancien fabricant de chemises, s'est imposé comme un commerçant génial, qui a su flairer les nouveaux marchés et réunir auprès de lui de remarquables armuriers pour faire évoluer ses modèles. Que ce soit l'Ouest américain, en Europe ou dans le monde entier, la demande d'armes à feu et de munitions siglées Winchester ne cessera jamais d'augmenter, tant il est vrai que la guerre est un marché en perpétuelle expansion.

– 4 –

L'empreinte de la mort

Si les années 1870 marquent l'expansion de l'entreprise et l'enrichissement considérable de la famille, elles voient en revanche Sarah Winchester tomber dans une profonde dépression. Comment surmonter la perte d'un enfant, de surcroît emporté par une maladie atroce, une forme rare de marasme alimentaire, qui voit le nourrisson lentement dépérir, progressivement privé de ses forces vitales ? Comme dans toutes les familles occidentales du XIXe siècle, les enfants morts en bas âge sont nombreux chez les Winchester et chez les Pardee. Sarah Winchester, on l'a vu, porte elle-même le prénom de sa sœur aînée, morte du choléra à un an et demi. Si la mortalité infantile reste encore très forte, y compris dans ces grandes familles aisées des États-Unis, les mentalités face à la perte d'un enfant sont en train de changer.

Avec les progrès de la médecine, les décès de nourrissons deviennent de plus en plus intolérables, tandis que la place de l'enfant au sein de la famille évolue. Le XIXe siècle voit l'avènement en Occident du modèle que nous connaissons aujourd'hui, fruit d'une lente mutation qui attribue à l'enfant une place de plus en plus centrale dans le groupe familial. La disparition d'un tout-petit ne se vit plus comme une fatalité, mais comme une perte à part entière, voire comme la *« perte par excellence, la plus dévastatrice »*, souligne l'historien Guillaume Cuchet dans *Les Voix d'outre-tombe, tables tournantes, spiritisme et société au XIXe siècle*. Et d'ajouter : *« Les hommes et les femmes de ce temps se sont mis de plus en plus à aimer leurs enfants comme des "modernes" tout en continuant bien souvent à les perdre comme des "anciens", c'est-à-dire à vivre dans un régime démographique extrêmement dur pour lequel ils n'étaient plus tout à fait équipés ni mentalement ni culturellement. »*

Contrairement à la lignée de femmes qui l'ont précédée, Sarah n'aura pas d'autre enfant. Impossible de savoir si c'est par choix. Mais elle se vêtira de noir le restant de sa vie, s'inscrivant en cela dans une nouvelle façon de vivre le deuil, ce que Guillaume Cuchet appelle le « deuil victorien » dans les pays anglo-saxons ou le « deuil romantique » en France.

Cette difficulté, nouvelle, à surmonter une disparition permet de comprendre l'immense vogue que connaît le spiritisme des deux côtés de l'Atlantique. Comment donner un sens à la mort d'un enfant – ou, du moins, comment la comprendre ? « *Il y a probablement eu de l'incompréhension autour du décès de ce bébé,* suggère Stéphanie Sauget, *car cette maladie n'était, à l'époque, pas connue.* » Si le corps médical ne peut guère fournir d'explications convenables à un décès, d'autres chemins peuvent être empruntés pour aider à apaiser la douleur. C'est ainsi que Sarah aurait pu se tourner vers le spiritisme, permettant – semble-t-il – de nouer un contact avec la petite Annie disparue. Cette démarche, qui peut sembler aujourd'hui irrationnelle, s'explique néanmoins par les bouleversements sanitaires, techniques mais aussi religieux qui affectent les sociétés occidentales à la fin du XIXe siècle.

– 5 –

Spirite or not spirite

Le spiritisme propose de rester en contact avec les défunts. Certes, les histoires de revenants ne sont pas nouvelles en Occident. Cependant, avec l'arrivée du spiritisme, les vivants vont pouvoir les convoquer et ne plus simplement guetter leur apparition, plus ou moins imprévue. Nouveauté considérable puisque, par le passé, on considérait les fantômes comme condamnés à l'errance en raison de leur mort « ratée », qu'elle soit due à l'absence des derniers sacrements ou aux conditions de leur disparition (suicide, mort violente…). Il n'était pas envisageable de les voir revenir dans le quotidien des vivants ! Cette mentalité traditionnelle, qui a longtemps perduré dans les campagnes françaises, explique l'échec du mouvement spirite à s'implanter en dehors des villes.

Rien de tel dans l'environnement de Sarah Winchester. La sensibilité des notables urbains de la côte est tourne résolument le dos aux anciennes croyances, et consulter un médium à la suite d'un deuil devient, dans les années 1880, une démarche couramment admise. Dans le cas de Sarah Winchester, le nom d'un certain Adam Coons, médium de Boston, a été avancé.

Pour bien mesurer l'influence considérable qu'exerça la doctrine spirite, née aux États-Unis en 1848, précisons les tenants et aboutissants du mouvement en question. Cette doctrine se fonde sur l'existence et la manifestation des esprits. Elle consiste à tenter d'entrer en communication avec eux par des supports matériels (comme les tables tournantes ou les planches ouija) ou par l'intermédiaire de personnes en état de transe. Le mot « spiritisme » est une création d'Allan Kardec – pseudonyme d'Hippolyte Léon Denizard Rivail (1804-1869) –, fondateur et théoricien de ce mouvement en France. Aux États-Unis, berceau de la pratique spirite, on parle de « spiritualisme ».

L'histoire du spiritualisme débute d'une bien étrange manière. En mars 1848, à Hydesville (État de New York), Maggie et Kate Fox, les deux fillettes d'un couple de fermiers nouvellement installé dans la ville, entendent des coups frappés dans leur maison. Averties que cette habitation passait pour hantée, elles essaient d'entrer en communication avec l'auteur des bruits mystérieux. Rapidement, elles parviennent – selon leurs dires – à dialoguer avec cette entité qui leur révèle qu'elle n'est autre que l'esprit d'un colporteur assassiné dans cette maison, cinq ans auparavant, par les précédents locataires. L'affaire aurait pu en rester là, mais leur mère, leur sœur aînée Leah et leur entourage se passionnent pour le phénomène, au point que deux amis de la famille, William Duesler et Isaac Post, créent un code alphabétique – qui n'est pas sans rappeler le morse, inventé huit ans plus tôt – pour entrer en communication avec les esprits. Le bouche à oreille fonctionne, les curieux affluent et une expérience, qui n'était au départ qu'un huis clos entre deux enfants de 12 et 14 ans, se transforme en un phénomène de société sans précédent.

La famille déménage à Rochester, chez Leah. Dès lors, leur salon ne désemplit plus. Les trois sœurs organisent des séances et entendent à présent démontrer que la communication avec les esprits devient possible partout, même en dehors de leur maison de Hydesville. Fin 1849, elles organisent des conférences au Corinthian Hall, la grande salle de la ville, avant de s'installer à New York, où elles animent de nombreuses séances publiques de communication avec les esprits, notamment à l'hôtel Barnum. Malgré des accusations de fraude qui, très vite, voient le jour, la pratique du spiritualisme se diffuse largement dans le pays. On compte, dès les années 1852, pas moins de 500 000 adeptes, essentiellement des Wasp du Nord-Est du pays et du Middle West. Le Sud, plus traditionnel et conservateur, reste à l'écart du phénomène.

Le spiritualisme, note Philippe Baudoin, redistribue les rôles parmi les adeptes du mouvement : les femmes s'y montrent particulièrement actives. Elles, qui n'avaient ni le droit de vote ni la possibilité de prendre la parole en public, y trouvent une forme de liberté, ce qui explique en partie la nette prédominance du nombre de femmes médiums. Dans ces cercles, elles trouvent une « fonction sacerdotale » qui les place au centre des attentions, à la différence du reste de la société dans laquelle s'exerce une misogynie sans merci. Comme le souligne l'historienne Nicole Edelman dans *Voyantes, guérisseuses et visionnaires en France, 1785-1914*, une femme médium *« peut penser un ailleurs plus juste et plus heureux et le faire connaître par ses écrits et ses discours. Toutes choses inaccessibles à une femme du XIXe siècle. Devenir médium, c'est changer d'état, c'est rendre possible la transgression des normes sociales établies par un siècle si dur aux femmes. »*

Si, en France, le grand théoricien du spiritisme s'appelle Allan Kardec, aux États-Unis, c'est le médium Andrew Jackson Davis (1826-1910) qui s'impose comme l'une des figures majeures du spiritualisme. Auteur de nombreux ouvrages sur le sujet qu'il dictait, dit-on, en état de transe, il explique, dans sa somme encyclopédique *The Great Harmonia* (« La Grande Harmonie »), qu'aucune destination particulière n'attend les défunts, car le médium ne croit ni au paradis ni à l'enfer, et encore moins au purgatoire. Les esprits évoluent à travers différentes sphères, au nombre de six, qui toutes les rapprochent de Dieu. Un cheminement extrêmement long, qui se mesure en milliards d'années, pour passer d'un univers à l'autre. Même si cette doctrine reste souvent très floue, précise Stéphanie Sauget, elle propose une autre vision de l'au-delà en se différenciant nettement des Églises chrétiennes.

La raison d'un tel emballement pour le spiritualisme, malgré ses aspects nébuleux, s'explique en grande partie par les mutations que traverse alors le protestantisme américain. Le spiritualisme naît tandis que, nous l'avons vu, l'Occident repense son rapport à la mort et au deuil ; il apparaît également au moment où les protestants américains connaissent le *Second Great Awakening* (Second Grand Réveil). Le monde protestant anglo-saxon connaît régulièrement ces flambées religieuses, dénommées « réveils », qui éclatent dans des moments de crise morale et/ou de changements sociétaux. Le premier naît dans les années 1720 en Grande-Bretagne ; le second – qui va nous intéresser tout particulièrement – apparaît nettement comme une réaction au rationalisme des Lumières ; le troisième grandira après l'abolition de l'esclavage et alors qu'émergent les Églises évangélistes. Certains historiens verront dans la crise religieuse qui suit la Seconde Guerre mondiale aux États-Unis comme le quatrième de ces sursauts religieux. Le grand élan religieux du *Second Great Awakening* – qui verra par ailleurs l'apparition des Mormons ou des Millérites (qui deviendront plus tard les Adventistes) – prospère entre 1790 et 1840 au nord-ouest de l'État de New York, une zone particulièrement pieuse et pratiquante. Le besoin de régénération religieuse s'y fait jour, alors que bon nombre d'habitants, immigrés de fraîche date, partagent un traumatisme issu du déracinement et de l'exil. Car l'installation récente des populations européennes outre-Atlantique entraîne une coupure définitive et culpabilisante avec leur histoire familiale. Pour ces familles, pratiquer le spiritualisme représente alors l'espoir de convoquer les morts laissés derrière eux, dans la Vieille Europe. Phénomènes auxquels il faut ajouter, bien sûr, le goût du merveilleux et de l'émotion, né avec le romantisme. Enfin, et ce n'est pas négligeable, les États-Unis demeurent très ouverts aux nouvelles doctrines, idées et mouvements religieux, et la presse, déjà très dynamique, jouera un rôle important dans la diffusion des idées spirites.

Le mouvement s'étendra dans le monde entier, notamment en France et au Brésil. Il atteindra son apogée aux États-Unis dans les années 1850-1880, avant de perdre de la vigueur à la suite d'une succession de scandales et d'accusations de fraude, notamment en 1888, lorsque Margaret Fox confessera publiquement sa supercherie, avant de se rétracter peu de temps après, ce qui n'empêchera pas les sœurs Fox de mourir dans la misère.

Sarah Winchester aurait-elle adhéré à ce mouvement spiritualiste alors très dynamique ? Pour beaucoup, la chose est certaine, et sa maison en livrerait une preuve tangible ; une petite pièce peinte en blanc et bleu, autour de laquelle toute la demeure semble s'articuler. Ce serait là, dans cette *seance room* que, chaque nuit, Sarah conversait avec les esprits. Le film *La Malédiction Winchester* de Peter et Michael Spierig (2018) porte à l'écran ces séances telles qu'on peut les imaginer. Il met en scène Helen Mirren dans le rôle de la veuve, assise à sa table, entrant en transe pour recevoir les consignes des esprits. On la voit, à la lueur des lampes, seule, dessiner des plans et écrire sous forme de dictée automatique les indications qu'elle reçoit de la part d'esprits bienveillants qui la protègent – on comprend qu'elle se trouve confrontée à d'autres entités, celles-ci assoiffées de vengeance, qu'elle doit absolument emprisonner dans des pièces closes afin de les mettre hors d'état de nuire. De fait, on imagine que circulent, dans cette maison, deux types de fluides psychiques : les bons esprits, qui peuvent se déplacer à leur guise, et les malveillants, qu'il faut piéger dans des pièces construites à cet effet. Dans la plupart des récits, ces mauvais esprits sont représentés par des Amérindiens.

Ce cabinet fait écho à la mode des *spirit rooms* (chambres à esprits), spécifiques à la culture spirite états-unienne, explique Philippe Baudouin. Car si, au départ, les séances se déroulaient dans un salon autour d'une table, dans le cadre familial ou chez des amis proches, dans un second temps, les adeptes du spiritualisme vont construire un bâtiment ou concevoir une pièce à part qui sera entièrement dédiée à cette forme de télégraphie céleste. Par exemple, en 1852, dans l'État de l'Ohio, Jonathan Koons, converti au spiritualisme, édifie une cabane dans le jardin de sa maison. Entouré de son épouse et de ses enfants, il y organise des séances collectives, au cours desquelles sont contactés pas moins de 165 esprits. Certains d'origine amérindienne, d'autres de nature céleste, comme des anges. La communication s'accompagne de phénomènes puissants et mystérieux, comme l'apparition de mains phosphorescentes, de musiques, de voix, le tout souvent accompagné d'un tapage considérable, au point d'ébranler l'édifice de bois. La presse s'en fait bien vite fait l'écho et le *Spiritual Telegraph* donnera dans ses pages des comptes rendus précis de ces séances.

– 6 –

L’héritage amérindien

Que Jonathan Koons dialogue avec l’esprit d’un Amérindien nommé John King ne doit pas nous étonner. Craints et espérés par les participants, ces spectres surgissent régulièrement dans les séances et sont toujours décrits comme des entités particulièrement agressives et brutales. On les retrouve dans d’autres *spirit rooms*, explique Philippe Baudouin, comme dans celle construite en 1874 par les deux frères Eddy, William et Horatio, dans leur ferme du Vermont. Ces séances publiques ont été portées à la connaissance de tous par Henry Stell Olcott, avocat et journaliste au *Daily Graphic*, qui va assister aux phénomènes durant douze semaines.

On parle cette fois-ci d’une vingtaine d’apparitions qui se produisent pour le plaisir des curieux rameutés sur place, et où les esprits amérindiens agissent toujours violemment en faisant trembler le sol et en entrant en transe. Comme dans la *spirit room* de Jonathan Koons, la dimension spectaculaire, sinon théâtrale, des événements qu'elle abrite doit être soulignée. « *Ce qui intrigue ici,* relève Stéphanie Sauget dans son article "Des maisons hantées en Amérique au XIXe siècle", *c'est le fait de construire une maison pour la faire hanter par des esprits qui grouillent littéralement et qui proviennent d'un passé préchrétien dans une terre autrefois peuplée d'Indiens. Les Koons ne font pas parler les chers disparus de la communauté de Dover et des alentours, ils font surgir un passé inquiétant et inassimilable qui peut faire éprouver aux vivants le sentiment d'usurpation et de culpabilité.* »

Cette obsédante présence amérindienne se retrouve également dans ce qu'il est coutume d'appeler les « photographies spirites ». Née en 1839, quasiment au même moment que le spiritualisme, la photographie ne pouvait que plaire aux amateurs de l'au-delà. Le procédé leur permettait – selon eux – de mettre en évidence leurs croyances et de rendre visible ce que l'œil nu ne percevait pas. Très vite, des photographes spirites se font connaître du grand public, comme William H. Mumler (1832-1884) qui, à l'occasion de séances de spiritisme, capturait sur ses clichés des fantômes surgissant derrière les personnes posant face à l'objectif. Son portrait le plus célèbre demeure sans conteste celui de Mary Todd Lincoln, photographiée avec le fantôme de son mari, le président Abraham Lincoln, assassiné en 1865… Ce type de clichés connaîtra un grand succès, en particulier après la guerre de Sécession et la Première Guerre mondiale. Ils participaient au travail de deuil et permettaient de maintenir un lien avec des disparus morts de façon brutale sur les champs de bataille lointains. Halos lumineux, voiles vaporeux, visages éthérés, les clichés jouent sur le flou et l'évanescent. Même si on crie rapidement à la fraude, ces images ont gardé, pour qui les regarde aujourd'hui, une dimension esthétique et une aura de mystère.

Comment un album spirite américain composé de clichés d'Amérindiens est-il parvenu jusqu'aux réserves du musée d'Orsay ? Je n'en saurai rien, mais, curieuse de comprendre et de voir ces photographies avant mon départ à San Jose, je m'étais retrouvée dans une salle de consultation du musée, dont les hautes fenêtres donnent sur la Seine. Sur une longue table m'attendait un album au format paysage, cinquante centimètres de longueur pour trente-trois de hauteur, à la couverture cartonnée marron châtaigne, reliée par une fine cordelette tressée. Daté par le musée des années 1910, il était composé d'une vingtaine de folios sur lesquels avaient été collés cent vingt-huit clichés. Nul ne connaît son auteur. « Anonyme », notait prudemment la notice. J'avais ouvert l'album et découvert la page de titre, où était tracé en grandes lettres gothiques dorées et rouges *Mors Janua vitae* (La mort, porte de la vie). Une pensée hautement spirite, rappelant que la mort ne doit pas être pensée comme une fin mais comme une transition, un seuil à franchir. L'initiale, la lettre « M », entièrement enluminée, donnait une tonalité néogothique à l'album. Sur la page suivante, recopié à la main, on pouvait lire le premier couplet et le refrain de *Auld Lang Syne* (mélodie passée en français sous le titre de « Ce n'est qu'un au revoir »), une très ancienne ballade écossaise reprise par le poète Robert Burns à la fin du XVIIIe siècle, typique des invocations spirites :

Auld Lang Syne.
Should auld acquaintance be forgot
And never brought to min' ?
Should auld acquaintance be forgot
And days o' auld lang syne ?

« Les jours du temps passé.
Faut-il oublier les amis
Ne pas s'en souvenir ?
Faut-il oublier les amis
Les jours du temps passé ? »

For auld lang syne, my dear,
For auld lang syne,
Will tak'a cup o kindness yet
For auld langsyne ?

« *Aux jours du temps passé, mon cher,*
Aux jours du temps passé
Buvons ensemble à l'amitié
Et aux jours du temps passé ? »

Image extraite d'un album de photographies spirites : spectre d'Indien. Anonyme. © RMN : Grand Palais (musée d'Orsay) / Hervé Lewandowski.

Le reste de l'album se composait de photos spirites, parfois une ou deux par folio, très souvent cinq à six. On retrouvait sur la plupart des images la même femme aux cheveux gris relevés en un chignon, le regard triste et lointain, habillée selon la mode citadine de la fin du XIXe siècle. Dans la partie supérieure des clichés apparaissaient toutes sortes de spectres : quelques hommes, beaucoup de femmes, de tout âge, certaines emmaillotées dans des voiles transparents pareils à de longs linceuls, d'autres semblant flotter dans les airs. Certains visages étaient nets, d'autres flous. On devinait parfois aisément la supercherie, tant le montage et la surimpression paraissaient grossiers. Au fil des photos, un décor se devinait, un tapis à motif floral, les plis d'un lourd rideau, une chaise dont le dossier surgissait derrière la femme. Alors, simple catalogue de « fantômes » ou représentation d'une médium posant, entourée de tous les esprits qu'elle avait convoqués et avec qui elle avait dialogué ? Cassant la monotonie de ces représentations, apparaissaient, distillées au fil des pages, neuf photos d'Amérindiens. Il s'agissait de clichés « classiques », n'accompagnant aucune apparition. Six étaient des portraits, de profil ou de trois-quarts : on y voyait des hommes en tenue traditionnelle, portant coiffe de guerre, pectoraux d'os, bijoux, plumes, typiques des peuples des Grandes Plaines américaines. Puis, contrairement à ces photos qui n'avaient rien de spirites, deux nouvelles images avec notre femme médium. L'une la présentait assise, les doigts croisés, le regard fixe. Au premier plan, totalement disproportionné par rapport à notre protagoniste, une poupée européenne vêtue d'un costume traditionnel amérindien. Sur l'autre cliché, de nouveau la même femme, dans la même position, mais cette fois-ci la photographie était entièrement occupée, en arrière-plan, par le visage d'un chef portant une coiffe à plumes. Une dernière photo, la seule en extérieur, avait été prise dans un jardin. On distinguait quelques arbres, un kiosque en bois et, au premier plan, un homme barbu avec, en surimpression sur son corps, un visage amérindien dont le regard fixait au loin.

La présence de ces Amérindiens tranchait avec le reste des personnes qui posaient dans ces photos, tous des Blancs, visage fermé, traits sévères. Que représentaient-ils ? Pour quelles raisons apparaissaient-ils au fil des pages, comme des spectres, justement ? En réalité, sur fond de guerres indiennes (1778-1890) qui opposaient l'armée américaine aux peuples autochtones, certains Occidentaux s'intéressaient de plus en plus aux civilisations amérindiennes, et particulièrement à leurs rapports à l'au-delà. Dépositaires d'un savoir qui pense la perméabilité des mondes, les « chefs indiens » glissés dans cet album devenaient des symboles pour les spirites dès les années 1850-1860, me précise Philippe Baudouin, me rappelant qu'Arthur Conan Doyle (1859-1930), père de Sherlock Holmes mais aussi grand adepte du spiritisme, avait écrit dans son *Histoire du spiritisme* (1926) que les Occidentaux devaient apprécier, avec intérêt et respect, les traditions de communication détenues par les Amérindiens pour accéder à un autre monde.

– 7 –

Le spectre amérindien : réalité ou fantasme ?

Au milieu du XIXe siècle, religieux et spirites cherchent, dans les cultures amérindiennes en cours de destruction, les clés de l'au-delà. Nous avons parlé des spirites, mais les Shakers (trembleurs), membres d'une branche du protestantisme Quaker, dialoguaient eux aussi avec les esprits amérindiens. Sarah Winchester, de confession baptiste, ne fréquentait pas les Shakers. Mais tous les récits qui circulent sur elle insistent sur deux points précis qu'elle partageait avec eux : l'usage de la transe pour communiquer avec l'au-delà et le fait d'être confronté à des esprits amérindiens. Y aurait-il alors dans les pratiques shakers des éléments qui pourraient nous permettre de mieux comprendre l'histoire de Sarah Winchester ? Car même si les communautés shakers ont été peu nombreuses, leur mode de vie a beaucoup inspiré la société américaine dans son ensemble.

Ces interrogations en tête, et devant la récurrence des esprits amérindiens dans l'histoire de Sarah Winchester, je décide de m'adresser à Pierre Déléage, anthropologue au Collège de France, spécialiste des cultures amérindiennes et auteur d'un article passionnant sur les Shakers : « Pseudographie, l'écriture révélée d'Emily Babcock ».

Les Shakers formaient une communauté protestante, fondée en 1772 par Ann Lee, une ouvrière textile de Manchester de confession quaker, qui immigrera en 1774 aux États-Unis. Shakers signifie « trembleurs », tout comme Quakers, car ces deux mouvements, à leurs débuts, étaient basés sur des phénomènes de transe. Au cours du XIXe siècle, les Shakers compteront jusqu'à 6 000 croyants, répartis dans dix-neuf villages, la plupart établis en Nouvelle-Angleterre. Ces communautés pratiquaient le célibat ainsi qu'une stricte séparation des sexes. Loin d'être vécue comme une ségrégation, l'instauration de communautés exclusivement féminines – elles composaient 80 % du mouvement – offrait un espace protégé pour ces femmes qui, ouvrières comme Ann Lee à Manchester ou migrantes, furent souvent victimes de violences sexuelles ou de maltraitance. En raison de leur abstinence sexuelle, les communautés n'ont pu se maintenir qu'en attirant de nouveaux membres ; adhérer aux Shakers pouvait donner l'espoir de reprendre le contrôle d'une vie souvent abîmée.

Entre 1837 et 1859, les Shakers traversent une période de renouveau, de « revitalisation », où vont se multiplier les manifestations spirituelles, note Pierre Déléage. Cela s'inscrivait dans le cadre de la grande vague de ferveur religieuse du *Second Great Awakening*. Jusqu'alors, pendant leurs cérémonies, les Shakers pratiquaient des danses en ligne, où chacun tournait sur lui-même, accompagné par un rythme monotone et répétitif. À partir du début des années 1840, les danses furent régulièrement interrompues par un individu qui, après s'être détaché du groupe de danseurs, entrait en transe et parvenait à établir une communication avec les morts – rappelons que le spiritualisme n'existait pas encore. Ces messages de l'au-delà, ou ces dons, explique Pierre Déléage, prenaient la forme de chants, de visions et de nouveaux rituels, dont certains nous sont parvenus sous forme d'étonnants dessins et transcriptions écrites.

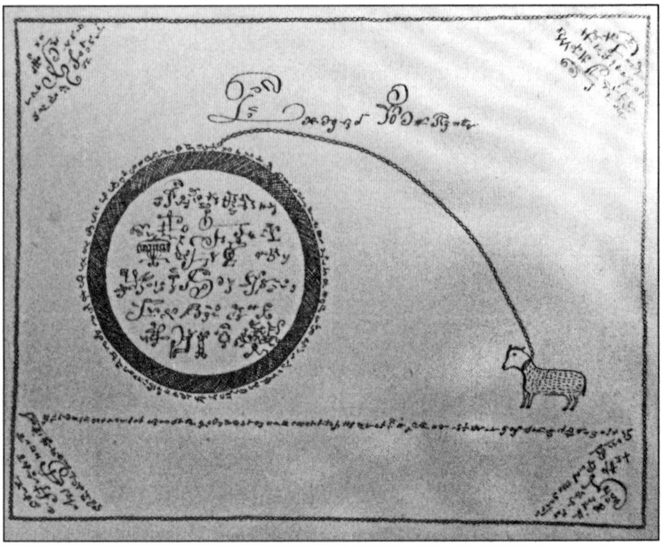

Pseudographie d'Emily Babcock (1823- ?) associée
à la figuration d'une brebis. ©Pierre Deléage.

À partir de 1842, certains transis, hurlant et roulant sur le sol, se sont mis à entrer en relation avec des esprits amérindiens. Les écrits de cette époque insistaient sur le vacarme et le degré de « sauvagerie » qui agitaient le corps des possédés. Autre fait remarquable : lors des transes, ils parlaient dans une pseudo langue amérindienne, vague imitation basée sur l'idée que les Shakers pouvaient se faire de ces langues, dont Pierre Déléage livre un extrait :

He haw tallabo tallabo
He haw tallabo haw
Tinkaty addleum ididle addleum

Pourtant, la probabilité que des Shakers aient pu fréquenter des Amérindiens semble très faible – et pour cause, en ce milieu du XIXe siècle, ces derniers avaient déjà quasiment disparu de leurs terres ancestrales. Au mieux, leur héritage se limitait à quelques noms de lieux d'origine amérindienne. Mais c'est compter sans l'inconscient collectif : dans l'esprit des jeunes migrants, relève Pierre Déléage, les seuls morts reposant sur cette terre étaient les Amérindiens, qui vivaient sur le territoire avant les Européens. Ainsi, avant même la naissance du spiritualisme, les peuples décimés par les colons américains reprenaient vie sous la forme de revenants ou d'esprits. Ce phénomène, insiste Pierre Déléage, est révélateur de la mauvaise conscience américaine. On ne peut pas impunément exterminer un peuple sans que ce crime ne ressurgisse d'une manière ou d'une autre, comme sous la forme de revenants ou d'esprits au XIXe siècle – et c'est sur cette toile de fond que l'histoire de Sarah Winchester se déroule et croise celle des Shakers et des Spirites. Au cours du XXe siècle, cette mauvaise conscience s'infiltrera subrepticement dans la littérature et les arts avec, par exemple, le topos du « cimetière indien ».

Pierre Déléage avance l'exemple de *Shining*, le film bien connu de Stanley Kubrick (1980) adapté du roman de Stephen King, dont l'action se situe dans l'hôtel Overlook, isolé dans les montagnes du Colorado. Contrairement à Stephen King, le cinéaste choisit de situer l'hôtel, construit entre 1907 et 1909, sur le site d'un cimetière indien. La profanation du lieu entraîne même des attaques de la part des derniers Amérindiens présents sur ces terres. Dans la réserve alimentaire de l'établissement, la caméra s'attarde sur une boîte de conserve, *Calumet – baking powder*, dont l'étiquette représente un « Indien » portant la coiffe traditionnelle des peuples des Grandes Plaines. Unique au milieu de centaines d'autres, elle agit comme une métaphore donnant la clé de la tragédie à venir : cet endroit, maudit à cause de son emplacement sacrilège, est la métaphore d'un pays construit sur un génocide. Le sang, dans des scènes récurrentes, coulant de l'ascenseur, qui se hisse du tréfonds de l'hôtel, est celui des peuples autochtones exterminés.

Aux États-Unis, pour lutter contre cette culpabilité diffuse et peu assumée, des images bien différentes, officielles cette fois, sont abondamment mises en avant. D'ailleurs, qui d'autre que le vainqueur écrit l'Histoire ? Ce récit officiel présente un « Indien » aux antipodes du mythe du « bon sauvage » cher à Rousseau, laissant supposer une sorte de férocité naturelle, innée. Nulle surprise alors à ce que les Shakers, puis les

Spirites relatent avec insistance la sauvagerie des corps « possédés » par des esprits amérindiens. Il s'agit bien ici du fantasme de l'Indien colporté dans tous les États-Unis, une image négative et stéréotypée, présente dès les débuts de la colonisation du continent et toujours familière du vivant de Sarah Winchester. *« Leur caractère s'apparente à celui du loup de prairie : ils sont sournois, lâches, vindicatifs, et toujours prêts à massacrer les femmes et les enfants »*, écrit Samuel Woodworth Cozzens, un aventurier qui pénètre sur les terres apaches en 1858. Trente ans plus tard, le discours reste le même. En 1885, Wirt Davies, commandant de l'armée américaine, prévient : *« L'Apache est l'animal le plus vif et le plus rusé du monde, avec en plus l'intelligence d'un être humain. »* Et cette image ne date pas d'hier : *« Ils se précipitaient au-devant du danger comme un peuple qui ne connaît ni Dieu ni diable »*, relatait un missionnaire espagnol au XVIIe siècle.

Cruauté, cris inarticulés, perfidie des tactiques guerrières… les peuples amérindiens incarnent, dans l'esprit des colons, les instincts les plus vils, ceux que la civilisation et le progrès doivent combattre à tout prix. Pire, pour des colons imprégnés par la religion, l'« Indien » représente l'obstacle que Satan a placé entre eux et la terre promise. On perçoit alors mieux le rôle

– sordide – dévolu aux Amérindiens dans tous les récits consacrés à Sarah Winchester. Ambivalents, ils représentent la sauvagerie, en opposition aux soi-disant colons civilisés, tout en permettant d'entrer en transe, cet état qui donne la possibilité de communiquer avec l'au-delà.

L'« Indien » incarne ainsi la mauvaise conscience américaine face à l'éradication des peuples autochtones. Dans l'inconscient collectif, les Amérindiens, tués ou devenus invisibles après leur placement dans des réserves, ne peuvent reparaître que sous la forme d'esprits qui hantent les vivants, réclamant – sinon hurlant – réparation. Et qui d'autre que l'héritière de la Winchester, la carabine qui a conquis l'Ouest, pouvait devenir une cible pour cette vengeance post-mortem ?

On retrouve cette malédiction lancée par les Amérindiens sur Sarah Winchester dans la plupart des récits. Récemment, la bande dessinée *La Maison Winchester*, de Max Cabanes et Marie-Charlotte Delmas (Glénat, 2004), met en scène un couple de touristes français à San Jose dans les années 2000. Lorsqu'ils visitent la Winchester Mystery House, la jeune femme est en proie à des visions et voit le fantôme de Sarah Winchester accomplir un rituel apache pour désenvoûter la demeure. Au même moment, un meurtre est commis sur place. Et c'est un Amérindien, chasseur de mauvais esprits, qui viendra à leur aide pour retrouver le meurtrier. Dans une autre bande dessinée, nord-américaine cette fois, intitulée *Dans l'Antre de la pénitence* de Peter J. Tomasi et Ian Bertram (Dark Horse Comics, 2016, Glénat, 2017), les auteurs suivent les traces d'un dénommé Warren Peck, cow-boy massacreur d'Amérindiens qui vient chercher du travail dans la maison de Sarah Winchester. Dès les premières pages, les auteurs mettent clairement en parallèle le deuil de Sarah Winchester et l'acharnement de Warren Peck à décimer les peuples autochtones. La maison Winchester, dans cette bande dessinée, accueille les âmes tuées par les carabines mais devient aussi le lieu de rédemption des chasseurs d'« Indiens » qui, sous les ordres de Sarah, troquent leur arme contre un marteau et participent au chantier sans fin.

Récits, articles, films, BD racontent tous la même histoire, à quelques variantes près. Est-elle pour autant vraie ? Et qu'émane-t-il aujourd'hui encore de si puissant de cette maison victorienne, à la fois mausolée d'une histoire tragique et parc d'attractions pour des Nord-Américains avides d'évasion et de mystères ?

Deuxième partie

The Winchester Mystery House

À travers des grilles et cachée par des haies, la demeure se laisse soudainement deviner lorsqu'on remonte le boulevard Winchester. Une masse sombre surmontée d'innombrables toits pointus et agrémentée d'une tour crénelée. Mais le feu passe au vert, la voiture redémarre et la maison disparaît aussitôt derrière de grands buildings. Une apparition d'un autre temps, totalement insolite dans ce décor moderne et froid. Aujourd'hui, il est bien difficile d'imaginer ce à quoi pouvait ressembler cette ancienne route qui longeait la maison et qui reliait les villes de Santa Clara et de Los Gatos avant de s'enfoncer dans la montagne de Santa Cruz. The Santa Clara – Los Gatos road est devenue cette énorme artère de six voies, longue de six kilomètres, rebaptisée Winchester Boulevard.

De fait, San Jose présente peu d'intérêt lorsqu'on la visite, même pour les guides touristiques qui avouent, désabusés : « *Tout semble neuf, propre et un peu sans âme.* » La ville égrène les repères typiques de la civilisation états-unienne, larges avenues, centres commerciaux rutilants, alignement monotone de palmiers. Le charme n'agit pas. San Jose, ville tentaculaire, ne se parcourt qu'en voiture et n'en finit pas de s'étaler sous un soleil de plomb. En revanche, la nature et le relief environnants coupent le souffle : une vallée entourée de hautes montagnes qui offrent, sous le soleil changeant de la journée, d'incroyables kaléidoscopes de couleurs. Des rivières serpentent dans des forêts de majestueux séquoias qui, malgré leurs troncs immenses, oscillent légèrement au gré du vent. La végétation luxuriante explose dans un tourbillon de couleurs et de senteurs, orangers, eucalyptus, pins, chaparral, arbustes en fleurs où butinent des colibris, dont le nom en anglais, *hummingbirds*, « oiseaux murmures », donne une idée de la douceur du son qu'ils produisent en battant leurs minuscules ailes moirées.

On se souvient alors que la Californie est coupée du reste du continent par la Sierra Nevada et forme une sorte d'îlot naturel riche de nombreuses espèces endémiques. On y compte pas moins de 30 % des plantes et 50 % des espèces d'oiseaux et de mammifères des États-Unis. On ne s'étonnera donc pas d'observer facilement des cerfs et des biches lors de balades dans la Sierra. Les ours (symbole de la Californie) et les pumas hantent les forêts, même s'il est moins recommandé de les croiser… Et si jamais l'un d'eux vous attaque, *fight back* (défendez-vous), conseillent les panneaux touristiques ! Depuis les années 1960, la superficie des zones protégées n'a cessé d'augmenter, particulièrement sur la côte, en vertu de la loi de 1976, the California Coastal Act. Malgré de graves problèmes écologiques liés au mode de consommation, à la pollution et à la sécheresse, plus d'un tiers du littoral est actuellement protégé avec ses forêts de séquoias, ses lacs de montagne, ses canyons et ses chutes d'eau.

Nul doute qu'il y a plus d'un siècle, Sarah Winchester devait déjà apprécier la beauté des paysages, elle qui avait choisi de s'installer à l'extérieur de la ville. À son arrivée à San Jose en 1886, peut-être avait-elle en tête la vision édénique qu'on prêtait à la Californie, renforcée par l'image d'un nouvel Eldorado suscitée par la découverte de pépites d'or à Sutter's Mill en janvier 1848. L'arrivée massive de chercheurs d'or – 300 000 en quelques mois – avait définitivement transformé le visage de la région.

La vision paradisiaque colportée dans tout le pays cachait désormais une réalité terrifiante, celle des peuples autochtones survivants, définitivement chassés de leurs terres par cette masse humaine avide d'or qui s'était approprié les terres les armes à la main. Les dizaines de groupes amérindiens s'étaient désagrégés sous leur poussée, les hommes avaient été soumis au travail forcé, les femmes enlevées, les enfants séparés de leurs parents. Pire, une cinquantaine de massacres avérés avaient ponctué une tragédie que les historiens s'accordent aujourd'hui à considérer comme un génocide. Sarah Winchester était-elle consciente de l'histoire de sa nouvelle terre d'adoption ?

Ce n'est sûrement pas le mythe de l'Eldorado qui a mené la richissime veuve en Californie. Elle connaissait la région pour s'y être déjà rendue au début des années 1870 avec son époux. Et c'est tout naturellement auprès du représentant san-franciscain de la Winchester Repeating Arms Company qu'elle s'était renseignée pour trouver une maison à acheter. Ce dernier lui avait conseillé de quitter San Francisco et son climat humide pour prospecter du côté de la Santa Clara Valley (l'actuelle Silicon Valley). San Jose, à quatre-vingts kilomètres au sud de San Francisco, offrait les avantages d'une petite ville et s'enorgueillissait aussi d'être à la pointe de la modernité en possédant, depuis 1881, la plus grande tour électrique au monde qui du haut de ses 72 mètres aurait, selon les rumeurs, inspiré Gustave Eiffel pour sa création parisienne. Cette construction de métal éclairait la ville, de nuit, grâce à ses 24 000 lampes. On l'apercevait même de San Francisco, malgré les 80 kilomètres de distance. Une lumière sûrement trop intense, puisque l'historien de la ville, Bob Johnson, raconte dans son essai *San Jose* qu'un fermier des environs s'était plaint que la luminosité tenait éveillées ses poules toute la nuit !

Gravure représentant la tour électrique de 72 mètres, éclairée par des lampes à arc au carbone et alimentée par une dynamo à brosse, à l'intersection de Santa Clara et Market Street, San Jose, Californie. ©World History Archive / Alamy Stock Photo.

Mais Sarah Winchester n'était pas à la recherche de ce type de modernité ni des commodités de la ville. Elle jeta son dévolu sur des terres isolées situées à l'extérieur de la ville et un ranch, The Hamm House, une simple ferme de huit pièces, au style et à la taille bien différents des demeures dans lesquelles elle avait habité à New Haven. Il n'existe pas de photographie de la ferme lors de l'achat, mais on l'imagine identique aux ranchs de l'époque, une bâtisse en bois de deux étages, simple et commode. Elle rebaptisa la maison la Llanada Villa, probablement en souvenir des vacances qu'elle avait passées dix ans auparavant avec son mari William au Pays basque espagnol, dans la plaine (*llanada*) d'Alavesa.

Si l'on veut imaginer l'environnement dans lequel s'est édifiée la Llanada Villa, il faut quitter le boulevard Winchester, traverser la ville et pousser les portes de l'History San Jose, un parc qui propose la reconstitution de la cité dans la seconde moitié du XIXe siècle. Des maisons, boutiques ou bâtiments d'époque menacés de destruction ont été démontés puis reconstruits dans ce parc. La poste, le cabinet du médecin, la caserne des sapeurs-pompiers bordent des habitations de style victorien, bâties au même moment que la Llanada Villa, mais dont la sobriété et les petites dimensions contrastent avec la maison de Sarah Winchester. Modeste, The Gordon House, construite en 1887, consiste en une maison en bois de plain-pied, rectangulaire, peinte en gris et entourée d'une large véranda aux colonnes blanches. The Paulson House (1889), de style Queen Ann, avec ses deux toits pentus, son pignon classique et sa véranda, offre des lignes claires et un agencement intérieur d'une grande simplicité. Nous voilà bien loin de la demeure gigantesque et labyrinthique que va bâtir Sarah Winchester... Les moyens financiers expliquent aussi, bien sûr, les différences – les Gordon House et Paulson House étant le genre de maisons modestes que pouvaient s'offrir le long de l'ancien *Camino Real* les fermiers et les récents migrants européens.

De retour à la maison Winchester, un panneau aux couleurs criardes vous accueille devant un immense parking : *Welcome to Winchester Mystery House*, écrit dans une typographie grossière évoquant la conquête de l'Ouest. Deux minuscules têtes de mort, placées de part et d'autre de l'affiche, ajoutent la touche de macabre qu'attendent tous les visiteurs... Malgré les dimensions du parking et la proximité d'un magasin de souvenirs tape-à-l'œil, j'éprouve une émotion bien réelle à me retrouver ici, seule, à quelques mètres de la maison, au milieu de toutes ces voitures sagement garées. À l'entrée du domaine, une plaque de métal propose quelques informations aux visiteurs curieux :

« La Winchester Mystery House a été la propriété de Sarah Winchester, héritière de la fortune des carabines Winchester, de 1884 à sa mort en 1922. Après avoir rencontré un médium, madame Winchester s'est laissé persuader que les vies de son mari et de sa fille avaient été supprimées par les esprits de ceux qui avaient été tués par "the gun that won the West" [l'arme qui a conquis l'Ouest], *surnom donné à la carabine Winchester. Selon le médium, cette femme partagerait le sort de sa famille à moins qu'elle ne construise une demeure pour accueillir ces esprits. Pour pouvoir rester en vie, elle devrait inlassablement construire.* [...] *À l'aide des mille dollars par jour qu'elle recevait comme royalties de la fortune Winchester, le son des coups de marteau des charpentiers a résonné vingt-quatre heures sur vingt-quatre pendant quasiment trente-huit ans. »*

Soudain, un son tout droit venu du XIXe siècle rend palpable la présence de Sarah à mes côtés : le bruit d'un marteau ! Des coups de marteau ! Ils ne proviennent pas de la maison mais de nouveaux buildings en construction dans un chantier voisin. Autrefois au cœur d'un domaine de vingt-six hectares, la propriété Winchester n'en occupe plus que sept. Grues, travaux, bruits des machines et cris des ouvriers saturent l'espace. La maison, encerclée de toutes parts, se recroqueville, écrasée par des bâtiments qui sortent de terre. J'ai beau reconnaître la silhouette découpée, la tour crénelée de style Tudor, je ne retrouve pas le mystère qui émanait de la photographie d'avant 1906 que j'avais longuement contemplée avant mon voyage. Est-ce dû au ciel turquoise, à la présence des palmiers, à la façade couleur pastel ou au bruit incessant des voitures ? Rien ne correspond à l'idée que je me fais d'une maison hantée.

– 1 –

Qu'est-ce qu'une maison hantée ?

« Dans le silence de la nuit, on entendait un son métallique et, si on tendait l'oreille, on percevait un bruit de chaînes, d'assez loin d'abord, puis de très près : bientôt apparaissait un spectre, un vieillard épuisé par la maigreur, en haillons, la barbe longue et les cheveux hérissés ; il portait, aux pieds, des entraves et, aux mains, des chaînes qu'il agitait. Aussi les habitants passaient-ils, dans la crainte, des nuits blanches, sinistres et effrayantes. L'insomnie les rendait malades, puis venait la mort, car la crainte allait croissant : en effet, même en plein jour, malgré la disparition du fantôme, les yeux gardaient son souvenir et la peur persistait plus longtemps que les motifs d'avoir peur. La maison fut donc délaissée, condamnée à la solitude, tout entière livrée à ce prodige. On y mit cependant une affiche, au cas où quelqu'un, dans l'ignorance d'un défaut si grave, eût voulu l'acheter ou la louer. »

Cette description de maison hantée est l'une des plus anciennes que l'on connaisse dans le monde occidental. On la doit au sénateur et avocat romain Pline le Jeune, auteur au début du IIe siècle de notre ère d'une célèbre correspondance. Cependant, l'Antiquité n'est pas très riche en maisons hantées. Les lieux de hantise, ainsi que l'a suggéré Stéphanie Sauget, furent longtemps cantonnés aux espaces sauvages, non domestiqués, comme les forêts, leurs lisières, les marges. Il faudra attendre le XIXe siècle pour que les cas de maisons hantées se multiplient.

Dans notre imaginaire, la maison hantée obéit à une esthétique particulière : on se la représente le plus souvent sinistre et isolée, et riche d'une architecture inquiétante. Vu de l'extérieur, c'est donc un manoir néogothique, qui se définit fréquemment par une absence totale de symétrie, reflet plus ou moins fidèle du désordre psychique qui règne entre ses murs. *« Il faut absolument qu'il y ait des écarts de proportions, des dimensions architecturales qui clochent, des éléments trop petits ou trop grands »*, insiste Stéphanie Sauget. Hors limites, hors normes, cette maison exerce sur le promeneur une angoissante singularité. Le paysage qui l'entoure annonce les malheurs à venir, landes balayées par les vents, forêts lugubres, montagnes menaçantes… Atmosphère oppressante aggravée par la saison – les arbres squelettiques de l'hiver – et le temps – le crépuscule, quand les ombres s'allongent et que remontent d'incontrôlables peurs archaïques.

La littérature gothique foisonne de maisons hantées. Ce genre littéraire, né en Grande-Bretagne à la fin du XVIIIe siècle, en même temps que le romantisme, met à la mode châteaux, cimetières, cachots et ruines. Il se focalise sur le macabre, les sentiments exaltés et un engouement pour le passé – puisqu'il correspond aussi à une redécouverte de l'architecture gothique. D'où son nom. Un genre qui influencera par la suite la littérature fantastique et le roman noir. Côté britannique, il faut lire ou relire *Le Château d'Otrante* d'Horace Walpole (1764) et *Les Mystères d'Udolphe* d'Ann Radcliffe (1794), qui mettent en scène des châteaux abritant de nombreux phénomènes surnaturels. Aux États-Unis, *La Maison aux sept pignons* de Nathaniel Hawthorne (1851) s'impose comme un chef-d'œuvre du genre. Ce roman raconte l'histoire d'une demeure de la fin du XVIIe siècle, construite à Salem sur le terrain d'un homme accusé de sorcellerie et pendu. Hantée par son fantôme, la maison maudite provoque le décès de ses occupants successifs.

Pourtant, une maison hantée n'existe que si l'on y pénètre, à ses risques et périls. Derrière ses murs épais, le visiteur passe de pièces sombres à d'autres surexposées, entre aveuglement et enténèbrement. Autre acteur d'étrangeté : le bruit. Comme ces maisons sont habitées par des esprits souvent frappeurs, elles possèdent leur propre musique, craquements de plancher, bruissements, coups. *« Cette atmosphère sonore les rendrait presque vivantes*, avait souri Stéphanie Sauget, *comme si elles respiraient. »* Une anthropomorphisation des maisons hantées qui évoque chez moi *La Chute de la maison Usher* d'Edgar Allan Poe (1839), une nouvelle traduite par Charles Baudelaire dans laquelle un manoir oppressant devient un personnage, aux *« fenêtres semblables à des yeux sans pensée »*, incarnant la folie des derniers descendants de la famille Usher qui y vivent, malades et décadents. Dès les premières pages de la nouvelle, on retrouve tous les éléments caractéristiques de la hantise « façon gothique ». Par une journée d'automne, le narrateur, après avoir arpenté un paysage lugubre sous un ciel pesant, se retrouve face à la maison Usher. Au premier coup d'œil, il se sent envahi par un insupportable sentiment de tristesse :

« Je regardais le tableau placé devant moi, et, rien qu'à voir la maison et la perspective caractéristique de ce domaine, – les murs qui avaient froid, – les fenêtres semblables à des yeux distraits, – quelques bouquets de joncs vigoureux, – quelques troncs d'arbres blancs

et dépéris, – j'éprouvais cet entier affaissement d'âme, qui, parmi les sensations terrestres, ne peut se mieux comparer qu'à l'arrière-rêverie du mangeur d'opium, – à son navrant retour à la vie journalière, – à l'horrible et lente retraite du voile. C'était une glace au cœur, un abattement, un malaise, – une irrémédiable tristesse de pensée qu'aucun aiguillon de l'imagination ne pouvait raviver ni pousser au grand. »

Angoisse, sentiment d'irrationalité, terreur assaillent les protagonistes qui contemplent ces mystérieuses demeures avant même d'y pénétrer. Mais pourquoi ce goût pour les maisons hantées ? Et pourquoi ce besoin de « se faire peur » ? Stéphanie Sauget constate que ces récits sur les maisons hantées apparaissent dans des périodes de grands bouleversements historiques. En France, ces récits se multiplient après la Révolution française, sous la Restauration ; cet engouement ne se dément pas durant la Révolution industrielle et, plus généralement, accompagne chaque crise que traverse, à la fin du XIXe siècle, la IIIe République. Les dysfonctionnements de ces maisons reflètent les mutations, souvent traumatiques, que traverse alors la société, aussi bien dans son rapport à la mort, à la famille, qu'à la propriété privée, engendrant ainsi *« de nouveaux rapports à soi et à la terre »*, précise Stéphanie Sauget.

Aux États-Unis, les maisons hantées ne s'inscrivent pas dans la lignée de leurs aînées européennes. Le modeste cottage des sœurs Fox, dans sa simplicité, ne partage aucun point commun avec les étouffants manoirs des romans gothiques européens. Dans ce pays, les maisons hantées s'analysent dans le cadre de la naissance du spiritualisme. Car elles matérialisent les lieux où les esprits choisissent de s'exprimer. Nous ne sommes plus face à une maison maudite, hantée par un fantôme maléfique que l'Église et les habitants veulent chasser, mais dans un espace où les médiums peuvent communiquer naturellement avec les esprits. Ces derniers interviennent en quelque sorte comme des alliés et donnent raison aux spirites, prouvant, par leur présence, que l'au-delà existe bien.

La maison de Sarah Winchester pourrait s'inscrire dans ce courant spiritualiste, tout en s'en démarquant. Car si la Winchester House se pense comme un lieu de communication avec les esprits, il n'y a, au départ, aucune malédiction condamnant le site ou la demeure. Le ranch acheté par Sarah Winchester ne recèle aucun cadavre dans ses fondations, aucun fantôme ne le hante. Ce n'est que lorsque la veuve décide d'agrandir sa maison que le voisinage commence à parler de hantise.

Car comment donner un sens à ces travaux sans fin ? Parmi les hypothèses échafaudées, celle d'une maison capturant les esprits, soit des Amérindiens soit des cow-boys tués par la fameuse carabine Winchester dont Sarah était l'héritière, quoique douteuse, offre une explication « rationnelle ». Et voilà que prend corps la justification de la « folie Winchester », qui deviendra l'histoire officielle : cette maison, construite pour piéger les fantômes qui poursuivent Sarah Winchester, est destinée à être hantée pour mieux protéger sa propriétaire. Stéphanie Sauget note l'originalité de cette demeure : plutôt « maison à hanter » que « maison hantée ».

– 2 –

La Llanada Villa

S'appuyant sur les coupures de presse de l'époque, l'historienne californienne Mary Jo Ignoffo a réussi à retracer les grandes étapes de la construction de la maison Winchester. On sait ainsi que les opérations d'agrandissement démarrent immédiatement après l'achat du ranch, en 1886. En six mois, la ferme passe de huit à vingt-six pièces. Les travaux se déroulent au départ sous la supervision de deux architectes, mais très vite, Sarah Winchester met fin à ces collaborations et dirige elle-même la construction avec la cinquantaine de charpentiers et d'artisans présents chaque jour sur le chantier. Aucun plan envisagé, mais des rajouts incessants, d'une pièce à l'autre. Dix ans plus tard, en 1896, la maison s'élève sur quatre étages. En 1897, le *San Jose News* apprend à ses lecteurs que Sarah Winchester souhaite faire poser un dôme sur sa demeure – les ouvriers ne s'y reprendront pas moins de seize fois avant de satisfaire la propriétaire des lieux, persifle, accusateur, le journal. En 1906, juste avant le grand tremblement de terre qui ravage toute la région autour de San Francisco, la maison s'élevait sur sept étages, mais nul ne sait avec précision combien de pièces elle comportait. Certains ont avancé le nombre de cinq cents…

Année après année, Sarah Winchester transforme le modeste ranch en une demeure victorienne de style Queen Ann. Très en vogue aux États-Unis entre 1880 et 1910, ce style ne doit pas grand-chose à l'architecture baroque anglaise du début du XVIIIe siècle. Ses nombreux éléments, très librement inspirés de la Renaissance, métamorphosent de simples édifices en demeures pittoresques. Sarah Winchester s'en inspirera pour embellir sa maison. La façade asymétrique, avec ses deux tours, l'une crénelée de style Tudor, l'autre surnommée *the Witch's Cap* (chapeau de sorcière), les corniches, les toits à pignon, certains ornés de frontons, s'inscrivent dans ce courant architectural, tout comme ses galeries couvertes, ses balustrades et ses fenêtres en vitraux. Mais c'est surtout l'absence de symétrie et les écarts de proportions qui font de ce style architectural la matrice de toutes les maisons hantées des États-Unis.

Possiblement la ferme originale de Sarah Winchester. Les détails de la maison correspondent aux détails existants de la « maison mystère » Winchester. La femme assise sur le banc pourrait être Sarah Winchester. À cheval, sa nièce Marion « Daisy » Marriott. © History San Jose.

– 3 –

Dans l'antre de la Winchester Mystery House

« Pourquoi Sarah Winchester, héritière de la fortune liée à la carabine du même nom, a-t-elle dépensé cinq millions de dollars et passé la moitié de son existence à construire cette maison de 161 pièces ? » interroge la brochure tendue au visiteur à l'entrée de la Mystery House. C'est avec cette question en tête que je pénètre enfin dans les lieux avec des touristes. Pas vraiment une exploration… mais une visite guidée, en groupe.

Pour parcourir la maison, nous devons impérativement traverser la boutique de souvenirs puis attendre l'arrivée du guide dans la cour intérieure. Le temps de patienter, vous pouvez acheter un mug à tête de mort ou un T-shirt *Spirits are calling* tous deux à l'effigie de la Winchester Mystery House, ou bien vous entraîner au lancer de hache ou au tir à la carabine. L'espace de la cour est d'ailleurs saturé par la musique qui accompagne cette attraction. Sur un air mélancolique, joué sur un piano désaccordé, vous vous exercez à viser avec une carabine laser les cibles dispersées dans un salon où mobilier, vieux portraits, lampes à pétrole paraissent tout droit tirés d'un décor de western. Sur un tableau se découpe le nom Winchester en lettres rouges, surmonté par un cow-boy sur un cheval au galop tirant à la carabine – le fameux logo de la marque jusqu'en 2019. Si ces éléments de décor sont évidents, un mannequin portant une robe de mariée accompagné d'une poussette de bébé me plonge en revanche dans un abîme de perplexité. Une voix enjouée sortie d'un haut-parleur annonce que le groupe de 16 h 10 est attendu, je me dirige alors vers la porte et me retrouve dans le « hall de la Calèche », lieu où Sarah Winchester entreposait son véhicule.

« Bonjour, je m'appelle Jane et je serai votre guide le temps de la visite. Bienvenue dans la Winchester Mystery House. Nous allons visiter the beautiful and bizarre, *la belle et étrange demeure victorienne de Mme Winchester. Cette maison, monument historique, renferme de nombreuses curiosités, comme cette porte s'ouvrant sur un mur. »* Joignant le geste au propos, Jane ouvre une porte qui donne, en effet, sur un mur de briques. *« Mais il y a également des fenêtres aveugles, des portes dans le vide, et même*

un escalier qui termine dans un plafond. Mais, insiste-t-elle en marquant chaque mot, personne ne sait exactement pourquoi Mme Winchester a fait construire des choses aussi étranges dans sa maison. » Le ton est donné : Jane n'est pas là pour résoudre l'énigme mais pour nous plonger un peu plus profondément encore dans l'incompréhensible. La maison ne se nomme pas Mystery House pour rien ! On touche ici le succès commercial de la maison Winchester : entretenir un parfum de mystère, ne répondre à aucune interrogation, laisser planer le doute afin de nourrir la curiosité – ou la crédulité, qui sait ? – du public.

Les présentations des éléments étranges de la maison se succèdent, alternant avec d'autres que la guide trouve plus esthétiques. Oui, vraiment *beautiful and bizarre*… Ce qui a fait sourire Stéphanie Sauget qui, elle-même, avait visité la maison : « *C'est en effet sur le mystère non résolu que les propriétaires hameçonnent le visiteur. Ils ont beau jeu de dire qu'on ne pourra jamais trancher puisqu'il n'y a pas de source. Si j'étais mauvaise langue, je pourrais dire qu'il n'y a pas de source parce qu'on s'est empressé de les détruire pour assurer la valeur inestimable de cette maison en tant que maison hantée, sinon, elle n'offre plus beaucoup d'intérêt…* »

À l'intérieur de la maison Winchester, l'escalier qui mène au plafond... ©AmityPhoto/Alamy Stock Photo.

Un peu plus tard, nous voici arrêtés devant un escalier qui mène au deuxième étage, « *mais* – quelques secondes de silence, la guide soigne son effet – *se termine au plafond* ». Le groupe lâche un cri de stupeur. Puis Jane pointe un autre escalier aux angles étranges, rythmé par pas moins de sept paliers : *« Alors qu'il mesure 30 mètres de longueur, il ne mène qu'au deuxième étage situé pourtant à seulement 2,70 mètres au-dessus de nos têtes. »*

Monter les quarante-quatre marches de cet escalier sera notre première expérience du bizarre winchestérien. Car elles se révèlent si basses que l'on se demande comment Sarah Winchester réussissait à les gravir. Nous passerons ensuite devant une fenêtre qui donne sur le sol et une porte qui ouvre sur le vide. La guide se plaît, au cours de notre parcours balisé, à tirer des détails les plus anodins la preuve de la superstition qui animait la propriétaire :

— Devinez combien de fenêtres comportent cette treizième salle de bains, à laquelle on accède en descendant treize marches ?

— *Thirteen !* répond en chœur le groupe composé de… treize personnes.

— À votre avis, combien de lampes à gaz compte la grande salle de bal ? Combien comptez-vous de cercles dans ce vitrail ? Combien de trous d'évacuation comporte ce magnifique évier, importé de Venise ?

— *Thirteen !*

Et les rires de fuser…

Des *fun facts*, ces petits panneaux qui rythment notre parcours, entretiennent eux aussi la bonne humeur du groupe et ne cessent d'insister sur l'extravagance des aménagements : sur l'un d'eux est précisé que nous sommes dans la pièce qui comporte le plus de fenêtres – *« 250, dont une placée sur le sol, dans une maison qui en compte 10 000 ! »* Autant de détails incongrus qui alimentent les conversations du groupe et les échanges avec la guide.

Les visiteurs ne perdent jamais de vue la raison de leur visite. Si nous sommes dans cette maison, c'est pour tenter de comprendre le pourquoi d'une construction aussi extravagante et les motifs qui guidaient Sarah. La projection d'un court film, au début de la visite, ne résout pourtant rien. On y apprend qu'elle est née en 1839 à New Haven, dans le Connecticut, qu'elle a épousé à 23 ans William Winchester, *« dont la famille a inventé la carabine à répétition Winchester, qui pouvait tirer quinze balles d'affilée. La fabrication de cette arme a fait la fortune de la famille, notamment de Sarah et de son mari. »* Ce sera la seule et unique fois au cours de la visite où les armes à feu seront mentionnées. La vidéo enchaîne sur les drames traversés par Sarah Winchester : *« En 1866, elle a eu une petite fille, Annie, qui est malheureusement décédée six semaines plus tard. Quinze ans plus tard, son mari William meurt de la tuberculose, à 43 ans, rendant Sarah veuve. »*

Le commentaire s'achève sur le récit attendu par tous avec impatience, celui qui permettrait de donner quelques clés de compréhension à la construction de la maison. Et bien sûr nous retrouvons ici la quintessence du discours canonique ; tout y est : les esprits tourmenteurs, l'appel à un médium, le chantier incessant, « *les nombreuses pièces de la maison qui accueillaient les esprits protecteurs, tandis que le bruit des marteaux, des scies et des perceuses repoussait les esprits hostiles* ».

On n'en apprendra guère plus sur la propriétaire. Quelques bribes biographiques supplémentaires lorsqu'on entrera dans la « *chambre principale de Sarah Winchester* ». À nouveau la date de son mariage (1862), celles du décès de son enfant (1866) et de son mari (1881), puis la sienne (le 5 septembre 1922). Une dernière anecdote renvoyant aux deuils de Sarah nous est proposée dans la « grande salle de bal », puisque c'est là qu'on a retrouvé une petite boîte contenant une coupure de presse annonçant la mort de William Winchester et une mèche de cheveux d'Annie.

Le reste de la visite est exclusivement consacré aux excentricités de la maison, avec pléthore de détails illogiques (le placard le plus petit de la maison où l'on ne peut rien ranger, les piliers posés à l'envers…), et à la fortune dilapidée par Sarah pour la construire : « *La construction de la grande salle de bal a coûté si cher qu'on aurait pu construire trois maisons et demie à la place* », une information renforçant l'hypothèse que Sarah aurait ruiné la Winchester Repeating Arms Company avec son projet de construction pharaonique, thèse relayée par les guides touristiques mais aussi par *La Malédiction Winchester*, le film des frères Spierig (2018), et quelques historiens, sans doute pas mécontents d'égratigner au passage une femme incapable de gérer correctement son héritage.

Au cours de la visite, la thèse de la folie, même si elle n'est jamais clairement énoncée, finit par s'imposer comme une évidence. Face à tant de détails et d'irrationalité pointés à l'envi par Jane, comment ne pas y songer ? Cette maison incohérente obéit, assurément, à une logique folle. Sur ce discours se greffe une autre explication, pas plus rassurante ni logique, que la guide esquisse en insistant lourdement sur la présence récurrente du nombre 13.

La demeure serait l'œuvre d'une femme superstitieuse (en plus d'être folle ?), hantée par de nombreux deuils. Ainsi, comprend-on, l'élucidation du mystère pourrait se trouver au cœur même de la maison, *« the heart of the house »*, à savoir dans *the seance room*, aussi nommée *the spirit room* ou *blue room*, pièce sur laquelle Jane nous livre quelques informations préliminaires :

« Sarah se rendait dans cette pièce tous les soirs pour communier avec les esprits qui lui donnaient des instructions sur la conception de sa maison. À cette époque, de nombreuses femmes instruites de la haute bourgeoisie ont expérimenté le spiritualisme qui a été un mouvement important pendant la vie de Sarah, et qui a été alimenté par le nombre effroyable de victimes pendant la guerre de Sécession. »

Le groupe pénètre alors dans une minuscule pièce, peinte en blanc et bleu. Nous apprenons que Sarah se retrouvait ici, seule, pour réaliser ses séances de spiritualisme. Personne ne pouvait l'accompagner ni même entrer dans cette pièce en son absence. Au son de la cloche sonnant les douze coups de minuit, Sarah s'y enfermait et entrait en communication avec les esprits de la maison jusqu'à 2 heures du matin. La guide ne donne pas plus de précisions sur la nature des échanges. Mais une bande-son actionnée à notre arrivée plante le décor : tintement de cloches, craquements de parquet, hurlements du vent et gémissements lointains…

Jane souligne l'originalité de cette pièce qui comporte une seule entrée pour trois sorties : la porte par laquelle nous sommes passés, une autre qui s'ouvre dans le vide (et qui donne au-dessus de l'évier de la cuisine du rez-de-chaussée), une troisième, qu'on pourrait aisément confondre avec un placard, qui débouche sur un cagibi situé dans la pièce d'à côté. *« Mais attention, cette porte ne peut être ouverte que du côté de la* seance room. *On peut donc en sortir mais pas y entrer.* » Nous n'en saurons guère plus, mais toute la littérature écrite au sujet de Sarah Winchester se focalise sur cette pièce, en quelque sorte le « saint des saints » de la Winchester House.

Le film australien *La Malédiction Winchester*, déjà évoqué, mais aussi la bande dessinée française *La Maison Winchester*, de Max Cabanes et Marie-Charlotte Delmas, n'y échappent pas ; avec une légère variante pour cette dernière par rapport au récit officiel : Sarah y est accompagnée d'un médium. Les voici assis, face à face, devant une table ronde, en train de chercher à communiquer avec un esprit. Les coups sonores se font de plus en plus présents, l'homme interroge : *« Peux-tu nous épeler ton nom ? »* Bom bom bom… Il ne s'agit ni de William ni d'Oliver, encore moins d'Annie, mais, annonce le médium, *« d'un esprit malin, incohérent et dangereux »*… Dans *The Winchester Mystery House* de Joshua Werner, Dustin Irvin et Justin Birch, bande dessinée états-unienne en trois épisodes que l'on peut acheter dans la boutique de la maison, Sarah Winchester, belle et svelte jeune femme vêtue de romantiques voiles noirs, se retrouve dans la *seance room* avec le charpentier qui l'a construite. Elle inspecte le travail, vérifie la présence de treize crochets sur un mur, l'agencement de la pièce, son entrée unique et ses trois sorties sans apporter d'explications supplémentaires au lecteur.

Stéphanie Sauget, interrogée à ce sujet, avait tenu à souligner qu'elle n'avait trouvé aucune mention de la *seance room* avant 1928 dans un article de journal, soit six ans après la mort de Sarah. D'autre part, l'architecture de la pièce ne correspond en rien aux autres *spirits rooms* et ne paraît guère adaptée à une séance : « *Une séance*, explique Stéphanie Sauget, *correspond forcément à un moment collectif où un ensemble de personnes se rassemble autour d'une table, en se donnant la main pour créer une énergie qui permettra au fluide spirite de circuler. Pensée à partir du principe de l'électricité, cette énergie passe par des individus des deux sexes, qui possèdent pour certains une énergie positive et, pour d'autres, négative, indispensable pour entrer en contact avec les esprits.* »

Au cours de la visite, la guide nous propose d'imaginer un tout autre scénario : dans cette pièce, Sarah Winchester, seule, convoque les esprits, en état de transe, à la limite de l'écriture automatique. Sarah Winchester y concevrait ainsi les plans de la maison, soit grâce à des visions, soit parce qu'elle est soudainement possédée par un esprit qui lui dicterait les plans ; une procédure, insiste Stéphanie Sauget, qui ne s'inscrit pas dans le rituel tel qu'il était pratiqué durant les séances de spiritualisme au XIXe siècle aux États-Unis.

Lorsqu'on sort de la *seance room* par l'enfilade de placards, on éprouve une sensation d'étourdissement. « *Ne vous éloignez pas car vous pourriez vous perdre et ne plus jamais retrouver la sortie* », susurre Jane d'un air faussement entendu. Où sommes-nous réellement ? Au cœur de la maison, comme nous l'a précisé la guide, ou dans l'aile ouest, ou est ? La succession d'escaliers, de pièces traversées, de couloirs, de paliers intermédiaires donne l'impression de tourner en rond. Les innombrables fenêtres offrent des perspectives étonnantes. Alors que l'on pense avoir marché un bon quart d'heure, on a soudainement une vue plongeante sur une pièce traversée quelques instants auparavant, comme si nous étions revenus sur nos pas. Le parcours proposé par la visite contribue sciemment au sentiment de se déplacer dans un dédale, un véritable labyrinthe conçu pour perdre les promeneurs ou les esprits…

Cette expérience de désorientation totale souligne aussi que la maison a été construite sans plan de départ. La guide nous explique ainsi que l'ancien réservoir du ranch, une citerne de 38 000 litres d'eau, devenu un obstacle au cours de la construction, a été englobé dans la demeure. Au troisième étage, on découvre, sur le mur d'une pièce, une arche qui rythmait la façade extérieure jusqu'à ce qu'une nouvelle salle ne l'englobe. Et on retrouve cette même sensation désagréable qu'au sortir de la *seance room*, liée à l'absence évidente de cohérence. « *C'est une maison construite au fur et à mesure, qui a été agrandie pièce par pièce, à la fantaisie de Sarah Winchester*, tient à prévenir Stéphanie Sauget. *Elle ne correspond ni aux canons de construction architecturale de l'époque ni à ce que faisaient les gens de son rang social lorsqu'ils voulaient construire une belle demeure.* »

Lors de la visite, nous traversons cent pièces sur les 161 que renferme la demeure, mais, hormis la grande salle de bal et quelques salons, toutes ces pièces étonnent par leur taille très modeste. Cela dit, la demeure reste immense, et encore plus pour une femme seule. Stéphanie Sauget me rappelle que la Maison-Blanche compte moins de pièces que celle de Sarah Winchester !

Difficile de retrouver un tant soit peu le cadre de vie de Sarah Winchester dans cette demeure. Dans la plupart des pièces, le mobilier, même s'il est d'époque, a été ajouté après sa mort. La maison telle qu'elle y vivait n'existe plus vraiment, malgré les pièces reconstituées ou laissées en l'état, comme par exemple un dressing inachevé. La visite, sur quatre étages, rappelle parfois celle d'un petit château ou d'une demeure bourgeoise avec ses cuisines, ses salons thématiques, sa salle à manger de style vénitien, la buanderie, la lingerie, le bureau de la gouvernante, les logements des domestiques situés dans les étages supérieurs.

Une dernière pièce reçoit un traitement particulier de la guide. Après s'être enthousiasmée devant le vitrail le plus cher de la demeure (1 500 dollars) et avoir traversé une chambre, *the Daisy room*, nommée ainsi à cause des marguerites qui décorent les somptueux vitraux, la guide nous emmène dans une pièce désaffectée, dont les murs sont ornés de photos de San Jose prises juste après le tremblement de terre de 1906. Ce sera le seul moment où la guide mettra en scène Sarah Winchester dans sa maison, puisque, nous apprend-elle, la propriétaire dormait paisiblement dans cette pièce quand, le 18 avril 1906, à 5 h 12 du matin, le grand tremblement de terre, estimé à 7,8 sur l'échelle de Richter, la tira hors de son lit. Un séisme puissant qui ravagea la Californie et entraîna la destruction de San Francisco à 80 %.

La maison de Sarah Winchester après le tremblement de terre de 1906. Cheminée effondrée à l'angle sud-est de la maison. Notez l'angle de la tour du septième étage en arrière-plan, également endommagée par le tremblement de terre. Extrait d'un album de photographies appartenant à la famille Hansen. ©History San Jose.

L'événement frappa aussi durement San Jose : le palais de justice et des dizaines de maisons s'écroulèrent, comme nombre de bâtiments de l'université de Stanford. Le bilan humain fut tout aussi lourd avec, notamment, la mort d'une centaine de patients et d'infirmiers dans l'effondrement des quatre étages de l'hôpital Agnew Asylum. La guide nous plonge ensuite au cœur du drame : la maison se met à trembler violemment autour de Sarah, des cheminées s'écroulent, les murs craquent, des fenêtres volent en éclats dans un fracas terrible. Et Jane d'enclencher une bande-son qui fait entendre le grondement d'un tremblement de terre. « *Apeurée*, poursuit-elle, *Sarah appelle à l'aide. Personne ne répond. Elle tente alors de sortir de la pièce, mais la porte ne s'ouvre plus. Elle restera prisonnière de sa chambre sept longues heures avant de pouvoir être secourue. Certains pensent que les esprits, assoiffés de vengeance, ont déclenché le séisme… mais comment en être sûr ?* »

En arrière de la voix de Jane, un air d'orgue mélancolique remplace le tumulte du tremblement de terre. « *Vous pouvez encore observer la marque laissée par le pied de biche des sauveteurs sur la porte. Cette nuit terrorisante restera inscrite dans sa mémoire et c'est pour cette raison qu'elle quittera plusieurs mois San Jose.* »

En effet, le séisme endommage durement la Llanada Villa. L'une des tours, haute de sept étages, ne résiste pas au tremblement de terre, les quatre étages supérieurs se sont affaissés, une trentaine de pièces, sur l'une des façades, ont été détruites, au point que Sarah renoncera à les réparer. « *À compter de ce jour*, conclut la guide, *la maison continuera à s'étendre, mais uniquement en longueur et en largeur, jamais plus en hauteur.* »

La visite s'achève devant les escaliers d'origine du ranch acheté par Sarah en 1886. Mais en est-on bien sûr ? La maison a tellement changé qu'il semble impossible de savoir à quoi ressemblait la bâtisse d'origine. Jane attire alors notre attention sur une photo. On y voit une dizaine d'employés posant dans le jardin. Sur le côté, un jeune homme à la moustache noire, en tenue de travail, chapeau de paille sur la tête, souriant à l'objectif, se détache du groupe.

Jane ménage son effet et nous apprend, avec un grand sourire, qu'il s'agit du fantôme de la maison. Plusieurs guides affirment l'avoir vu, la nuit, dans le sous-sol de la maison, pousser une brouette remplie de charbon. Il surgit régulièrement dans les couloirs obscurs, vous observe puis disparaît. Mais il lui arrive également de monter aux étages puisqu'un autre guide, qui se tenait dans le salon vénitien, a senti une main lui tirer les cheveux. Jane, elle, n'a pas encore eu la chance de le croiser.

Quelques-uns des ouvriers de la maison Winchester, et le « fantôme » à la moustache noire. Collection de la famille Hansen. ©History San Jose.

– 4 –

Une maison moderne

Si, comme tout château écossais, la maison possède maintenant son fantôme, il ne faut pas oublier que nous sommes aux États-Unis et que la Llanada Villa n'est pas un vieux manoir en décrépitude mais le fruit du *Gilded Age*. En effet, la modernité caractérise les équipements de la maison : Sarah y avait fait installer l'électricité ; dans de nombreuses pièces, un système d'interphone indiquait aux domestiques où elle se trouvait ; trois ascenseurs avaient été aménagés, dont un hydraulique qui desservait les étages en moins de quinze secondes et qui permettait en particulier d'accéder au « jardin d'hiver nord ». Dans cette pièce baignée de soleil, les plantes d'intérieur de la propriétaire étaient arrosées par un dispositif qui évitait le gaspillage d'eau, grâce au sol incliné qui conduisait l'excédent vers un siphon pour qu'il s'écoule dans les bacs à fleurs du jardin extérieur. La canalisation et la gestion de l'eau ont d'ailleurs été l'un des grands chantiers de Sarah Winchester. Toutes ses salles de bains étaient équipées de toilettes. L'une d'entre elles comportait même une douche à la pointe de la modernité qui massait le corps tout en le lavant grâce à ses multiples jets latéraux.

Une autre visite touristique proposée par la Winchester Mystery House, nommée *Explore more*, propose aux visiteurs de s'aventurer dans les greniers et les sous-sols de la maison. Plutôt que la trace de fantômes ou d'esprits tourmentés, on y constate, là aussi, le goût bien peu inquiétant d'une propriétaire vieillissante pour le confort moderne. On découvre ainsi une imposante chaudière, fabriquée à New York, qui, grâce à un système de petits radiateurs installés au plafond du sous-sol, chauffe le sol du rez-de-chaussée. Le chauffage pendant la saison froide était l'une des préoccupations de Sarah Winchester, qui passait ses soirées hivernales dans une pièce nommée « hall des cheminées », dotée de sept sources de chaleur : quatre cheminées et trois bouches d'air chaud. On est loin de l'image véhiculée sur les maisons hantées, celle d'ancestrales demeures pleines de courants d'air ! Y aurait-il là un paradoxe : une maison pourrait-elle être hantée et moderne à la fois ?

« *Au* XIX*e* *siècle, une maison pouvait être hantée et moderne, notamment chez les spirites,* souligne Philippe Baudouin. *Il faut garder à l'esprit que durant la seconde moitié du* XIX*e* *siècle, riche de tant de grandes inventions modernes, les sciences physiques et le spectral, la domestication de l'électricité et celle des esprits cheminent de pair et sont très sérieusement envisagées. C'est notamment le cas du téléphone, inventé par Graham Bell en 1876 : la journée, son assistant, Thomas Watson, travaillait avec lui sur le perfectionnement du dispositif téléphonique mais, la nuit, passionné par les grésillements du son qui semblaient ouvrir sur d'autres réalités, Thomas Watson organisait des séances de spiritisme. Graham Bell ne s'avouait d'ailleurs pas insensible à ces recherches puisque lui-même avait conclu un pacte avec son frère Melville : le premier qui mourrait aurait pour mission de prouver à l'autre la réalité de l'au-delà grâce au téléphone.* » On ignore si le pacte a été respecté…

De même, on l'a vu, les spirites s'étaient très rapidement emparés de la photographie et du phonographe, « *breveté par Thomas Edison en 1877*, enchaîne Philippe Baudouin, *qui a servi de point de départ au "nécrophone"* ». Durant des années, Edison a ainsi travaillé sur un appareil qui aurait permis aux morts de communiquer avec les vivants de façon plus efficace que par le biais des tables tournantes. Et Edison ne dissimulait pas ses recherches ! Il s'en expliquait ouvertement dans la presse et y consacra même le dernier chapitre de ses mémoires, *Le Royaume de l'au-delà*. Le scientifique y écrit qu'il cherche à « *fournir aux chercheurs spirites un appareil qui leur permettrait de travailler d'une manière strictement scientifique* ». Mais le nécrophone ne verra jamais le jour, au grand désespoir du scientifique, qui mourut en 1931.

Ainsi, conclut Philippe Baudouin, la maison de Sarah Winchester se trouve au carrefour de ces deux mouvements, la communication avec les morts et la modernité. Maison-réceptacle pour les esprits, elle bénéficie de toute la modernité technique et technologique de l'époque. Ce qui en fait, selon Philippe Baudouin, un « *édifice avant-gardiste* ».

– 5 –

L'attraction touristique

En quittant la Winchester Mystery House, on ne peut que s'interroger : que vient-on, au juste, de visiter ? La demeure conçue par Sarah Winchester ou une attraction touristique installée dans un monument historique ? Question à laquelle il est difficile de répondre puisque, dans cette habitation gigantesque, on ignore ce qui reste vraiment du projet de sa propriétaire.

Malgré tout subsiste une réelle impression d'étrangeté. Était-ce déjà le cas il y a cent ans ? Cette maison ressemble-t-elle aux maisons hantées de son époque ? Certes, on retrouve la dissymétrie propre à ces demeures ainsi que l'architecture de style victorien. Mais le bleu vif du ciel californien, la lumière éclatante qui pénètre dans toutes les pièces ne créent vraiment pas l'atmosphère typique des lieux de hantise. Reste à savoir si la maison s'appréhende différemment de nuit.

Pour cela, j'achète à la billetterie un nouveau ticket qui me promet de « vivre » une expérience de spiritisme inoubliable. Avec, forcément, un rendez-vous fixé à minuit moins cinq.

Dans la nuit californienne, la maison dégage une tout autre atmosphère. Une masse sombre et compacte qu'on distingue à peine mais qui, une fois les pièces illuminées, prend une dimension onirique surprenante. La rude lumière électrique, filtrée par une myriade de vitraux multicolores, éclate à l'extérieur en un feu d'artifice jaune orangé aux reflets mordorés, offrant un contraste saisissant avec l'obscurité. Un membre de la Mystery House nous accueille sous le porche d'entrée. Un petit groupe se forme. Nous serons onze à tenter l'expérience. Après avoir pénétré dans un hall élégant aux boiseries marquetées, fermé aux visites diurnes, nous entrons dans l'une des nombreuses salles à manger que compte la maison. Papier peint fleuri, lumière tamisée, fenêtres voilées de rideaux de fine dentelle, la pièce dégage une atmosphère paisible, très « XIXe siècle ». Même si le mobilier n'a pas été choisi par Sarah Winchester, il nous donne une petite idée de la beauté fastueuse des intérieurs.

Costume trois-pièces, chemise blanche laissant entrapercevoir quelques tatouages, lunettes finement cerclées, Aiden Sinclair, le maître de cérémonie de la soirée, nous attend. Une fois placés autour de la table, nous devons choisir un portrait parmi ceux qu'il a déposés devant nous. Tous datent du XIXe siècle et ont en commun d'être des hommes, femmes, enfants ayant dormi au moins une nuit dans le Stanley Hotel, hôtel hanté qui a servi de modèle à Stephen King pour l'Overlook de *Shining*. La séance de spiritisme peut commencer, sous le regard de Sarah et William Winchester, dont les deux portraits sont accrochés au mur. Minuit, l'heure à laquelle la veuve appelait les esprits, vient de sonner.

Aiden Sinclair nous propose différents outils pour communiquer avec les morts, dont la fameuse tablette ouija, très utilisée par les spirites du XIXe siècle, sur laquelle sont inscrites les lettres de l'alphabet, les chiffres de 1 à 10 et quatre mots : « oui », « non », « bonjour » et « au revoir ». Il sort de sa mallette un thermomètre afin de déceler la présence d'esprits – qui entraînerait presque toujours une baisse brutale des températures – et nous rappelle que nous possédons un atout pour la bonne tenue de la séance : l'énergie psychique qui se dégage de nos corps, amplifiée par nos mains jointes. Menée dans ce salon victorien, la séance se déroule dans une grande concentration de la part des participants – pas de ricanements ni de sourires en coin, tous jouent pleinement le jeu.

Durant la séance, des objets tomberont soudainement au sol, puis un esprit se manifestera, celui d'un petit garçon nommé Jack qui aimait jouer avec des chevaux de bois et qui est mort accidentellement à 8 ans. Silence lourd et glacé dans la salle, les regards deviennent fuyants et les mains moites. Même si Aiden Sinclair ordonne à l'esprit de Jack de partir en paix, on sort passablement troublé par cette expérience nocturne.

Mais les participants savent-ils qu'Aiden Sinclair est, avant tout, un illusionniste ? Une rapide recherche sur Internet nous apprend le parcours accidenté de notre médium : Sinclair, après quinze ans d'arnaques en tout genre, explique-t-il dans sa biographie, s'est rendu de lui-même à la police et c'est en prison qu'il a appris la magie. Aujourd'hui, il est membre de la prestigieuse académie des arts magiques au Magic Castle d'Hollywood. Installé à Los Angeles, spécialisé dans le paranormal et les représentations de spiritisme théâtral, il se produit régulièrement dans trois lieux hantés célèbres du pays, dont le Stanley Hôtel, dans le Colorado, bâtiment qui a la réputation d'être le lieu le plus hanté des États-Unis. Parmi les nombreux fantômes vus par les clients reviennent régulièrement un petit garçon (serait-ce « notre » Jack ?), un cow-boy, Flora Stanley, l'épouse du premier directeur de l'hôtel, et Lucy, une vagabonde morte de froid…

Le RMS *Queen Mary*, paquebot transatlantique britannique de 1936 amarré à Long Beach, en Californie, et reconverti en hôtel, est le deuxième lieu où se produit Aiden Sinclair. Le bateau est considéré par le magazine *Times* comme faisant partie du top 10 des lieux les plus hantés au monde, aux côtés du château d'Édimbourg, de la tour de Londres et… de la maison Winchester. La Mystery House est le troisième lieu où l'illusionniste se produit fréquemment. Dans chacun de ces endroits, Aiden Sinclair organise des séances et convoque les esprits avec l'aide des participants, mêlant ainsi lieux historiques, hantise et spiritisme. Alors, arnaqueur ou génial portier des esprits ? En réalité, un peu de tout ça, car Sinclair s'inscrit dans la longue lignée de médiums qui, à partir de la seconde moitié du XIXe siècle, se mettent en scène et théâtralisent les séances.

On peut s'étonner que la maison de Sarah Winchester soit devenue une attraction touristique seulement six mois après la mort de sa propriétaire. Ne désirant pas conserver cette imposante maison, ses proches parentes mettent en vente la Llanada Villa en novembre 1922. On évalue alors l'ensemble de la propriété à 125 000 dollars (un peu plus de 2 millions de dollars actuels). Mais le bâtiment, très dégradé, ne vaut plus rien et est difficile à vendre. Le notaire a divisé le terrain en deux lots : le premier, planté d'arbres fruitiers, trouve rapidement preneur ; l'autre parcelle, plus petite, comprenant la maison et ses jardins, reste sans acquéreur jusqu'en avril 1923, lorsque se présente John H. Brown, désireux de la louer, faute de disposer du capital pour l'acheter.

Originaire de Pittsburgh (Pennsylvanie), il a longtemps travaillé au Crystal Beach Park, un grand parc d'attractions situé au Canada, non loin des chutes du Niagara. C'est lui qui, en 1909, crée le Backety-Back Scenic Railway, des montagnes russes inspirées du système de chariots à charbon qu'il avait observé en Pennsylvanie. Brown envisage tout d'abord d'installer ses montagnes russes dans les jardins de la maison. Mais devant les réticences de la municipalité et, surtout, impressionné par l'intérêt du public pour l'histoire de Sarah Winchester, il décide, explique le site officiel de la Mystery House, d'abandonner son idée de montagnes russes pour se concentrer sur le mythe Winchester.

Le 20 mai 1923, la maison ouvre pour la première fois ses portes. Accompagné de son épouse, Mayme, Brown propose aux journalistes une visite guidée dont nous connaissons le déroulé précis grâce au compte rendu qu'en a fait Ruth Amet, une journaliste du *San Jose Mercury Herald*. Dans son article découvert par l'historienne Mary Jo Ignoffo, elle compare la demeure de Sarah à la lugubre maison Usher d'Edgar Poe. La description qu'elle nous en fait est précieuse puisqu'il s'agit du tout premier témoignage sur l'intérieur de la maison qui décrit précisément les différentes pièces et le peu d'objets restant dans la demeure. À aucun moment, note l'historienne, le nombre 13 ou une quelconque superstition ne sont mentionnés dans l'article…

Un an plus tard, nouvelle opération de communication de la part de Brown. En 1924, à minuit pile le soir d'Halloween, John et Mayme Brown invitent Harry Houdini (1874-1926), le plus grand illusionniste de l'époque, capable de s'évader d'une cellule de prison gardée par la police ou de sortir d'une malle fermée et jetée dans une rivière. Le magicien était aussi connu pour ses attaques contre les spirites dont il aimait démonter tous les trucs, astuces et ficelles. Harry Houdini aurait été conquis par la maison qu'il aurait lui-même rebaptisée *The Mystery House*. On n'aurait pas pu imaginer plus belle publicité pour la famille Brown !

Les visites organisées dans la Winchester House s'inscrivent dans le cadre plus général du *ghost tourism*. Apparu dans les années 1920 aux États-Unis, ce « tourisme de la hantise », comme le nomme l'historienne Stéphanie Sauget, subsiste encore aujourd'hui. Sous la forme de visites guidées, de parcours thématiques ou de circuits, des lieux sont vendus et commercialisés sous l'étiquette *haunted.* Il y a par exemple la ville de Salem, qui multiplie les *ghost city tours* consacrés aux fantômes des sorcières, ou Gettysburg, lieu où s'est déroulée l'une des batailles les plus meurtrières de la guerre de Sécession, considéré comme l'un des endroits les plus hantés au monde, toujours selon *Time Magazine*.

La maison des sœurs Fox s'inscrit, elle aussi, dans ce tourisme, explique Stéphanie Sauget dans son article sur les maisons hantées. Dès le début du XXe siècle, alors même que les sœurs ont avoué leur supercherie en 1888, on continuait à s'interroger sur l'esprit qui hantait la maison de Hydesville. Coup de théâtre en 1904, quand on découvre un squelette dans les fondations, accréditant l'idée du meurtre du colporteur avancé par les deux sœurs ! On sait, grâce à l'écrivain Conan Doyle, que dès cette époque Hydesville était devenu un lieu de pèlerinage. En 1916, le cottage des sœurs Fox est acheté par un certain Benjamin Bartlett, puis entièrement démonté et remonté dans le village de Lily Dale (État de New York), un important centre spirite depuis 1879. Le cottage a été détruit dans un incendie en 1955, mais, à Lily Dale, sur son emplacement, on organise aujourd'hui encore des chasses aux fantômes, ou *ghost huntings*. Quant à Hydesville, une stèle a été érigée en 1927 sur le lieu précis où s'élevait la ferme des Fox.

Cette reconnaissance institutionnelle des maisons hantées constitue une originalité américaine, commente Stéphanie Sauget. Dans ce pays, même les très sérieuses notifications du patrimoine historique décrivent ces maisons comme hantées – ce fut le cas de la maison de Sarah Winchester en 1973 dans le registre des Monuments historiques de Californie puis, en 1981, quand elle fut inscrite au Historic American Buildings Survey (HABS).

En 1931, la famille Brown peut enfin racheter la maison ainsi que ses jardins, et la renomme The Winchester Mystery House. John meurt en 1945, Mayme en 1951 ; les filles continuent les visites puis confient la maison à des managers. La notoriété de la maison augmentera grâce à la télévision. Dans les années 1950, elle a fait l'objet d'une visite guidée dans « You asked for it », émission très populaire d'Art Baker sur la chaîne ABC, dont le reportage sera multirediffusé. Elle sert également de décor à *Thirteen Ghosts*, film d'horreur de William Castle (1960) dans lequel un jeune veuf hérite, grâce à son oncle, chasseur de fantômes, d'une maison hantée… qui n'est autre que celle de Sarah Winchester.

En 1963, *Mrs. Winchester's House – A legend told by Miss Lillian Gish*, un documentaire de

Dick Williams, connaît un grand succès. Lillian Gish, actrice américaine, ancienne star du muet, raconte d'une voix pleine de mystère et avec un vrai sens dramatique le récit de la construction de la maison. Le film véhicule toutes les histoires et rumeurs entendues sur Sarah en se fondant, nous explique-t-on, sur les témoignages directs d'employés ou de voisins. On y apprend même que Sarah, en quête d'immortalité, errait silencieusement dans les couloirs de la maison sans que jamais personne ne sache précisément où elle se trouvait, et qu'on l'entendait régulièrement jouer de l'orgue dans sa salle de musique. Parmi les motifs d'inquiétude des domestiques, il y eut ce jour où l'un d'entre eux a distinctement entendu des pleurs de bébé derrière la porte de la *seance room*… Les « témoins » mentionnent aussi la grande fête que Sarah Winchester avait envisagé d'organiser pour célébrer l'achèvement de sa salle de bal. Le jour dit, des musiciens ont été invités à jouer avant qu'un majordome n'annonce, un à un, le nom des invités, mais seul un courant d'air glacial s'est fait sentir. Sarah est restée seule dans la salle jusqu'à ce que les musiciens quittent la maison à 2 heures du matin.

Quoi qu'on pense du contenu du documentaire, ses très belles images permettent de voir la demeure au début des années 1960, entourée de vergers. Il n'y a ni autoroute ni boulevard

Winchester. La caméra se faufilant dans les méandres de la maison nous permet de découvrir que les pièces n'avaient pas encore été remeublées. Il s'en dégage une impression d'abandon et de solitude accentuée par la musique mélancolique du film et la voix grave de Lillian Gish. Inutile de dire que ces documentaires alimentent l'aura de mystère qui entoure la maison.

La Mystery House appartient toujours à la famille Brown. Cependant, si John et Mayme Brown aimaient se mettre en scène lors de leurs visites, leurs descendants, beaucoup plus discrets, refusent toute interview. Un silence qui ne nuit pas aux affaires…

Troisième partie

La contre-enquête

Photographie de John et Nellie Hansen, avec leurs deux enfants, Carl et Theodore, prise entre 1900 et 1905, © History San Jose.

Je quitte la maison avec un sentiment d'insatisfaction, celui d'un rendez-vous raté avec Sarah Winchester. Qu'a-t-on réellement découvert ? On ne sait rien de plus sur ses réelles motivations, ses goûts, son caractère. Sarah Winchester reste toujours aussi fantomatique et lointaine.

Fort heureusement, il existe un autre lieu dans la ville qui pourrait en dire davantage, situé dans The History San Jose, le parc qui rassemble les demeures historiques de la ville. Il s'agit des archives de San Jose où sont précieusement conservés des documents qui nous éclaireront sur le cas Winchester. Car il est temps, enfin, d'abandonner la piste des ouï-dire et des colportages pour se plonger dans la réalité historique.

Cate Mills, la conservatrice en chef, m'attend sur le seuil du bâtiment, une ancienne usine de nourriture pour bébé acquise par la ville en 1998 et reconvertie en bibliothèque et archives municipales. À son côté se trouve l'historienne Mary Jo Ignoffo, sans nul doute la personne qui connaît le mieux la vie de Sarah Winchester. Nous voici installées dans la salle de lecture, une pièce claire aux multiples rayonnages. Sur une longue table, une petite boîte en carton nous attend. Elle porte l'inscription :

John Carl Hansen Papers
Pocket Diaries (Sarah Winchester's Estate)
1907-1922 (unprocessed)
2008-116

À l'intérieur reposent une quinzaine d'agendas reliés en cuir, de quinze centimètres sur cinq, certains noirs, d'autres rouges ou ocre. Voici les carnets de l'intendant de Sarah Winchester, confiés aux archives en 2008 par ses descendants.

John Hansen a travaillé à la Llanada Villa de 1894 à 1922, année de la mort de Sarah Winchester. Il notait scrupuleusement dans ses agendas tout ce qui la concernait. Mary Jo Ignoffo m'apprend qu'il vivait sur place avec son épouse Nellie et leurs deux enfants, Carl et Theodore. Une fois mes mains gantées, je suis autorisée à tourner délicatement les pages des carnets, à la recherche d'informations sur Sarah Winchester.

L'agenda de 1922 s'ouvre directement sur la semaine du 3 septembre et je découvre, non sans une certaine émotion, qu'à la journée du mardi 5 septembre, John Hansen a écrit de son écriture faite de pleins et de déliés :

Mrs. W. died

Et au vendredi 8 :
Mrs. W. Funeral

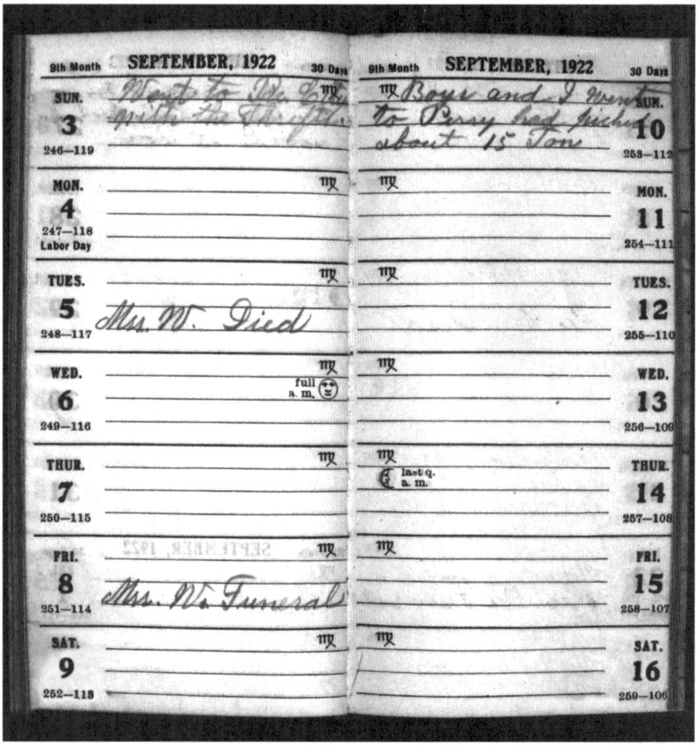

Un des carnets de Carl Hansen dans lesquels il notait les événements autour de la Llanada Villa. Ici, la page du mois de septembre 1922, sur laquelle il nota la mort de Sarah Winchester. Collection Carl Hansen. ©History San Jose.

Dans ce même agenda, en novembre 1922, il nous apprend que Daisy Marriott, la nièce de Sarah, et Henrietta Sivera, sa secrétaire personnelle, sont passées chercher leurs affaires à la maison, quelques jours après sa mise en vente.

Le reste des carnets fourmille d'informations

liées à la gestion de la propriété. En 1908, il indique que Sarah Winchester a envoyé un jardinier à la Llanada Villa pour planter des parterres de tournesols et d'artichauts. Le 5 janvier 1911, John Hansen fait parvenir à « Mrs. W. » sa machine à coudre dans sa maison d'Atherton ; le 20 avril de la même année, il note que « Mrs. W. » possède une nouvelle automobile. Mais ce qui marque le plus à la lecture de ces agendas, ce sont les allers et retours de Sarah à la Llanada Villa. On découvre ainsi qu'elle alterne des séjours de courte durée avec d'autres de plusieurs semaines. Les carnets sont ainsi remplis de *Mrs. W. came, Mrs. W. went back to F.O., Mrs. W. came back, Mrs. W. went away,* contredisant les informations données par les guides de la Mystery House. De toute évidence, Sarah Winchester ne vivait plus dans sa maison de San Jose entre 1907 et 1922, années correspondant aux agendas de Hansen. Mary Jo Ignoffo acquiesce alors en souriant. Tant de choses fausses circulent sur Sarah Winchester ! Elle me confirme que la veuve n'a plus jamais vécu de façon quotidienne à la Llanada Villa après le tremblement de terre. En 1906, poursuit Mary Jo Ignoffo, Sarah Winchester possédait une douzaine de propriétés. Celle de San Jose, mais aussi deux à Atherton, une petite ville située à mi-distance entre San Francisco et San Jose, ainsi qu'une péniche amarrée à Burlingame, dans la baie de San Francisco. Elle disposait par ailleurs d'autres biens à Palo Alto et San Jose. À partir de 1906, elle a partagé son temps entre Burlingame et Atherton, en fonction de ses envies et de la saison.

Les carnets de John Hansen nous apprennent par ailleurs qu'à partir de 1906, le domaine de la Llanada Villa remplissait le rôle plutôt terre à terre de lieu d'approvisionnement en produits frais et en fruits cueillis dans son verger. Le 22 mars 1912, il est noté que Sarah Winchester se fait livrer pas moins de 534 œufs ! À aucun moment Hansen ne parle de travaux dans la maison, abandonnés après le tremblement de terre. Mary Jo Ignoffo confirme les données des carnets puisqu'elle-même a retrouvé de nombreux articles de la presse locale spéculant sur l'arrêt des constructions. La chronologie s'affine donc : la Llanada Villa a été agrandie durant une période de vingt ans, de 1886 à 1906, au lieu des trente-huit ans communément admis. Je n'étais pas au bout de mes surprises.

Cate Mills nous apporte ensuite deux boîtes d'archives intitulées *Lieb Family papers*. Elles contiennent une partie des papiers de Frank Lieb, l'avocat de Sarah Winchester. L'une d'elles renferme la correspondance entre l'avocat et sa cliente. Dans une pochette en papier jaune, je pioche au hasard une lettre que Sarah lui a adressée, en février 1907. On y découvre une femme préoccupée par un problème de tuyau d'évacuation dans sa propriété de Burlingame. Avec un ton ferme et courtois, elle en informe son avocat. Le ton est identique dans le reste de la correspondance. Les lettres révèlent une femme intelligente, avisée, dotée d'un sens aigu des affaires et dialoguant d'égal à égal avec son avocat. Mary Jo Ignoffo m'apprend que le contenu de ces boîtes d'archives est à l'origine de sa très longue et minutieuse enquête, qui met à mal bien des idées reçues.

– 1 –

La persévérance de Mary Jo Ignoffo

Mary Jo Ignoffo est une autrice et historienne américaine spécialisée dans l'histoire californienne. Elle a pu s'intéresser à un club de jeunes femmes, le ToKalon Club, créé en 1903 à San Jose, à la première législature mise en place au moment de la ruée vers l'or. Elle se passionne également pour l'évolution urbaine de la Silicon Valley, à travers l'histoire de villes comme Sunnyvale, autrefois pâturages pour moutons de la mission Santa Clara, ou Mountain View, à l'origine un simple arrêt de diligence sur le *Camino Real.* Ses livres, très documentés et avec un appareil critique conséquent, sont construits à partir d'archives et de témoignages quand ils existent encore. Pour m'aider à démêler le vrai du faux dans la vie de Sarah Winchester, l'historienne s'avère la personne adéquate.

Pourtant, la Winchester House n'avait jamais eu d'attrait particulier à ses yeux. Bien au contraire, vivant dans la vallée de Santa Clara, elle ne considérait ce bâtiment que comme un piège à touristes. Par ailleurs, elle n'éprouve aucune fascination pour les armes à feu et raconte volontiers que son premier souvenir lié au monde Winchester date de ses 10 ans, jour où son frère Mike a reçu pour ses 18 ans une 1966 *Winchester Centennial. 30-30*, réplique du modèle historique de 1866 *Yellow Boy*. Elle s'était sentie complètement extérieure à la joie de son aîné. Elle craint les armes et n'a pas changé d'avis depuis.

Elle commence à s'intéresser à Sarah Winchester le jour où le bibliothécaire de San Jose, qui connaissait son goût pour l'histoire régionale, lui suggère d'écrire un ouvrage sur la veuve, personnage jusque-là abordé par des publications peu sérieuses. Peu enthousiaste, elle se ravise en découvrant le fonds d'archives et les documents déposés par l'avocat Frank Lieb. Étiquetées sous le nom de Lieb, personne n'avait imaginé que ces nombreuses boîtes renfermaient vingt ans de correspondance entre l'avocat et sa cliente, donnant ainsi à entendre la voix de Sarah Winchester. Après avoir épluché lettres, factures, notes en tout genre, une autre Sarah a commencé à s'esquisser : une femme d'affaires ! Mais il manquait à Mary Jo Ignoffo des éléments plus intimes sur sa protagoniste. Elle en trouvera quelques-uns dans les documents que la famille de John Hansen a légués aux archives.

Ainsi, petit à petit, une autre Sarah Winchester prend forme, bien plus passionnante que la légende. « *En lisant les lettres manuscrites de Sarah Winchester, j'ai été frappée par son intelligence, sa perspicacité remarquable. Elle évoquait tous les investissements très audacieux qu'elle avait faits. Par ailleurs, je me suis rendue à l'université de Stanford où Frank Lieb avait déposé d'autres archives. C'était comme tirer le fil d'une pelote de laine. Il m'a fallu de nombreuses années pour consulter et vérifier tous ces documents. Mon livre* La Captive du labyrinthe *comporte dix-huit pages de notes parce que je voulais citer toutes mes sources afin de mieux démonter ce qui est pour moi une légende ! Car je ne peux que constater qu'on a dressé un portrait de Sarah Winchester extrêmement négatif, uniquement pour alimenter l'industrie du tourisme des maisons hantées, très florissante aux États-Unis.* »

Un regret néanmoins : celui de ne pas avoir retrouvé la correspondance familiale, alors que l'on sait que Sarah Winchester écrivait beaucoup à ses sœurs, neveux et nièces. Mais l'historienne dispose de suffisamment d'éléments pour démystifier la légende. « *Je ne pouvais résister plus longtemps à cette toute petite femme, infirme, brillante, apparemment introvertie, et à sa maison complexe.* »

Restait à savoir comment une telle légende avait bien pu se construire, puisque Mary Jo m'annonce qu'il n'existe absolument aucun document qui fasse allusion à sa croyance aux esprits.

– 2 –

Une légende créée par les médias

C'est en plongeant dans les archives des principaux journaux de la ville, *The San Jose Mercury Herald* et *The San Jose Evening News*, que l'historienne a pu retracer l'histoire de la prétendue folie de Sarah Winchester. Tout commence le 29 mars 1895. Ce jour-là, le *San Jose Evening News* consacre un article à la propriétaire de la Llanada Villa. Sarah Winchester vit alors à San Jose depuis huit ans et n'a de cesse d'agrandir sa maison.

« *Au premier coup d'œil jeté sur la maison, on est stupéfait. On se frotte machinalement les yeux pour s'assurer que le nombre de tourelles aperçues n'est pas une illusion. L'impression est à la fois fantastique et onirique. Puis, quand vous vous approchez un peu plus près, d'autres tourelles apparaissent, encore et encore, dans un spectacle déconcertant. Comment est-il possible d'ajouter à une maison apparemment finie tant d'éléments tout en préservant son aspect artistique ? Cette interrogation n'a pas encore trouvé de réponse.* » Le journaliste explique qu'il a voulu interviewer la propriétaire, mais que celle-ci a décliné ses demandes de rendez-vous. Il s'interroge alors sur les dépendances de la maison, toutes dotées de pinacles, de dômes, de tours et autres coupoles. Il observe, médusé, que d'improbables niches abritent des statues. Les bâtiments semblent inachevés, construits morceau par morceau, en attente, pense-t-il, d'être rassemblés un jour. Faute de réponses à ses questions, il se lance dans des spéculations. La seule explication possible à cette construction sans fin doit être la superstition de sa propriétaire. Car, expose-t-il à ses lecteurs, lorsque la construction s'achèvera, une catastrophe se produira. Sûr de son effet, il poursuit en révélant que cette croyance est partagée par tout le voisinage. De fait, constate Mary Jo Ignoffo, les premières années, la maison semblait très grande, mais normale. Puis Sarah Winchester y a ajouté des tourelles, une façade extrêmement élaborée et une tour de sept étages. *« C'est comme si, au fur et à mesure qu'elle ajoutait des pièces, les articles faisant état de sa soi-disant superstition s'étaient alors multipliés. »*

Deux ans plus tard, la rumeur a pris suffisamment corps pour que, dans le *San Jose News* du

11 octobre 1897, un proche de la veuve s'insurge contre ces racontars et témoigne : « *L'histoire qui circule sur Sarah Winchester pensant qu'elle va mourir si le chantier de la maison s'arrête est une bêtise. Sarah Winchester n'est pas superstitieuse, c'est juste une femme à la sensibilité extraordinaire.* » Peine perdue, son témoignage ne servira à rien. L'idée d'une femme superstitieuse construisant une maison sans fin par peur de mourir s'était définitivement ancrée dans l'esprit du voisinage de Sarah Winchester et dans la presse. D'ailleurs, l'article de 1895, précise Mary Jo Ignoffo, sera repris sans vergogne, parfois au mot près, par les concurrents et d'autres journalistes, et fera effet boule de neige.

Il faut dire qu'à cette époque, il existe un type de presse qui ne brille pas par son professionnalisme et dont font partie les deux titres de San Jose : le *yellow journalism*, un terme inventé dans les années 1890 pour définir le journalisme à sensation, incarné par la rivalité opposant deux magnats de la presse new-yorkaise, Joseph Pulitzer et William Randolph Hearst. L'origine de cette expression prête à discussion. *Yellow* viendrait de la couleur jaune du papier utilisé ou de l'utilisation récurrente par les deux journaux new-yorkais rivaux du même personnage de bande dessinée, un petit garçon en chemise de nuit jaune, surnommé

Yellow Boy. Cette presse racoleuse réunissait des faits divers spectaculaires ou sordides et colportait complaisamment les rumeurs sans chercher à les vérifier, faisant et défaisant sans état d'âme les réputations.

Ces titres, *The Mercury Herald* et *The Evening News*, avaient été rachetés au début des années 1900 par les frères Hayes, Jay Orley, dit « Black », et Everis Anson, « Red » (surnoms liés à la couleur de leur barbe), dont la mère Mary Hayes Chynoweth vivait à San Jose et était connue pour être guérisseuse et spiritualiste. Tout comme Sarah Winchester, elle avait construit une immense maison de style victorien Queen Ann, avec tourelles, coupoles et pinacles, sans jamais susciter de tels ragots… Mais, comme le rappelle Mary Jo Ignoffo, la fortune de Mary Hayes Chynoweth ne provenait pas des armes à feu et la propriétaire, loin d'être recluse, menait une vie mondaine.

Car c'est bien le silence de Sarah Winchester et sa vie en retrait qui ont fourni le meilleur terreau aux rumeurs. L'histoire aurait-elle été différente si elle avait donné un droit de réponse aux journalistes qui voulaient l'interviewer ? Aurait-elle été perçue autrement si elle avait reçu chez elle les membres de la haute société à laquelle elle appartenait ? Peut-être auraient-ils pu constater qu'elle était physiquement très diminuée par sa polyarthrite rhumatoïde, que la voilette qu'elle mettait pour sortir cachait son absence de dents et les gants, ses mains déformées.

Quoi qu'il en soit, Sarah Winchester restait parfaitement consciente des bruits qui couraient sur elle. Ted Larsen, le fils de son intendant, raconte, dans une interview de 1972, l'avoir vue rire de ces médisances. Sarah Winchester se moquait complètement de ce que les gens pensaient d'elle !

Au début du XXe siècle, les rumeurs montent encore d'un cran. Pour expliquer la construction sans fin de la Llanada Villa, la presse ajoute à la superstition et à la peur de la mort une troisième explication : la culpabilité. Sarah Winchester devait se sentir coupable du nombre de victimes causées par les carabines Winchester. Les journalistes se concentrent désormais sur son nom de famille et se livrent aux plus extravagantes élucubrations. Elle devient la veuve de celui qui a inventé les carabines. Peu importe que le concepteur de l'arme se soit appelé Benjamin T. Henry, premier associé d'Oliver Winchester, son beau-père. Dès lors, la chose semble certaine : Sarah sera responsable des morts tués par la carabine.

Pour Mary Jo Ignoffo, cette focalisation sur le nom Winchester témoigne du basculement qui s'opère dans l'esprit du peuple américain. Si jusqu'alors, on considérait les armes à feu comme nécessaires à la survie sur une terre hostile, leur rôle devient plus ambigu lorsque la société commence à s'urbaniser – nous aurons l'occasion d'y revenir plus longuement. Et c'est à ce moment-là que l'image d'une Sarah Winchester hantée par le remords et la culpabilité apparaît. Elle semble incarner la conscience d'une nation tourmentée par les innombrables morts violentes qui ont jonché la construction des États-Unis. L'image des colons s'emparant des terres amérindiennes les armes à la main, des cow-boys réglant leurs différends à coups de Winchester… tous ces morts se transforment en âmes errantes réclamant réparation à la représentante de la fortune Winchester. Sarah Winchester ne pouvait que bâtir cette demeure labyrinthique pour recevoir les âmes des milliers de personnes tuées par la célèbre carabine.

Il ne restait plus qu'à ajouter qu'elle communiquait avec ces morts, un pas que franchirent allégrement les journaux. On fait d'elle une fervente spiritualiste, ce qui, en ce début du XXe siècle aux États-Unis, n'a plus la même signification qu'à la fin des années 1840, lors de la création du mouvement. Même si la pratique spirite subsistait encore dans certaines familles, le terme de « spiritualisme » était souvent utilisé dans la presse avec dédain depuis l'aveu des sœurs Fox et pouvait facilement devenir synonyme de superstition. Mais, pas plus qu'en 1895, Sarah Winchester n'opposa de démenti à ces racontars, alimentant sans le vouloir les pires rumeurs.

Mary Jo Ignoffo insiste également sur une date importante dans l'élaboration de la légende : 1906, l'année du séisme qui ébranla la Californie. Si les travaux sans fin menés dans la Llanada Villa ne laissaient pas de surprendre, l'arrêt brutal du chantier nourrit encore plus d'interrogations. Pourtant, à la lecture de sa correspondance avec Frank Lieb, on sait que cette décision obéit à des préoccupations rationnelles. La preuve en est que la propriétaire s'assure que la maison quittée après le séisme ne présente pas de dangers, en faisant déblayer et retirer les décombres. Selon l'historienne, Sarah Winchester s'est tout simplement trouvée confrontée à ses propres limites d'architecte, sa maison construite de façon peu standard et précise s'étant en partie écroulée. Pourtant, l'arrêt des travaux contribuera, à son tour, à relancer le mystère. Pourquoi avoir construit cette demeure pendant si longtemps pour soudainement tout arrêter ? Aucune explication logique ne semblant convenir, la presse y décèlera la preuve de sa folie.

En avril 1908, un article du *San Francisco Examiner* titre « La Femme qui défie les fantômes vend sa maison ». Peu importe de savoir si Sarah Winchester avait vraiment l'intention de vendre la Llanada Villa, me glisse Mary Jo Ignoffo, l'important est que cet article introduit – pour la première fois – le concept d'esprits en colère. On y décrit Sarah comme une femme bravant les esprits malveillants qui hantaient son étrange manoir. Ainsi, dans les années 1910, la légende a pris sa tournure définitive alors même que Sarah Winchester avait quitté les lieux. Désormais, une chose paraissait certaine : guidée par les esprits, Sarah Winchester avait ordre de construire sans fin une maison pour échapper à la malédiction.

– 3 –

Qui était la vraie Sarah Winchester ?

Même si Mary Jo Ignoffo a réussi à retracer la genèse de la légende et à démonter, un à un, tous les mécanismes du mythe, une part de mystère demeure. Pourquoi Sarah Winchester s'était-elle lancée dans un tel chantier ? Et comment expliquer, par exemple, l'escalier qui donne sur le plafond, la fenêtre placée sur le sol ou la porte qui s'ouvre sur le vide ? Pour l'historienne, les conséquences du tremblement de terre suffisent à expliquer ces incohérences. En choisissant de ne pas reprendre les travaux, Sarah Winchester a délibérément laissé sa demeure dans l'état de 1906. L'écroulement d'une partie des étages provoqué par le tremblement de terre avait transformé l'habitation, donnant lieu à ces incohérences que Sarah a choisi de laisser telles quelles, comme la porte qui s'ouvre sur le vide. D'après Fred Marriott, le mari de sa nièce

Daisy, dans un témoignage cité par l'historienne, Sarah Winchester aurait elle-même confié que la maison avait l'air d'avoir été construite par une folle depuis le séisme.

Reste que cette construction demeure stupéfiante, même si elle n'aura duré que vingt ans au lieu des trente-huit communément admis. Pourquoi avoir créé autant de chambres, de salles de bal pour y vivre seule ? Pour Mary Jo Ignoffo, il faut y voir une passion, un goût pour le design et l'architecture qu'elle cultive depuis l'enfance. On se souvient que le père de Sarah Winchester, charpentier, s'était spécialisé dans la marqueterie et l'architecture victoriennes. Sa fille porte, elle-même, le prénom de son meilleur ami, Lockwood Sanford, qui était graveur sur bois. Sarah Lockwood Pardee Winchester a donc grandi dans une famille où la décoration intérieure et le travail du bois avaient toute leur importance. Par ailleurs, son mari, William Winchester, s'intéressait lui aussi beaucoup à l'architecture et au design. On sait que le jeune couple avait contribué à l'embellissement de la maison familiale de New Haven en réaménageant aussi bien les jardins qu'en revisitant la décoration intérieure du manoir. Après la mort de leur bébé, cette passion commune les avait aidés à surmonter la dépression, estime Mary Jo Ignoffo. En 1881, lorsque William meurt, sa mère, Jane Winchester, fait ériger un mémorial à l'université de Yale et crée un prix – et pas n'importe lequel, puisqu'il s'agit d'un prix d'architecture – décerné annuellement pour honorer la mémoire de son fils.

Pour percer le vrai faux mystère de la Llanada Villa, il faut imaginer une femme active, richissime, qui peut se livrer à la passion qu'elle partageait avec son défunt mari, sans aucune restriction. Les artisans employés sur le chantier témoignent de son implication, de ses envies et de son goût pour l'expérimentation technique aussi bien qu'artistique, qu'il s'agisse d'utiliser de nouvelles essences de bois, de commander des vitraux précieux ou d'installer les équipements les plus modernes. Sarah Winchester aimait la nouveauté, la rareté et le raffinement. Et la Llanada Villa allait lui offrir un terrain de jeu immense, financé par un portefeuille lui laissant un champ des possibles sans limites. Cette passion pour l'architecture et l'ingénierie ne la quittera jamais. On retrouve ce goût pour les grands travaux après 1906, lorsqu'elle s'établit sur sa péniche à Burlingame. Elle conçoit elle-même et fait installer sur la quarantaine d'hectares de terrain qu'elle possède un système d'irrigation élaboré, comprenant canaux et écluses, afin de sécuriser le port où était amarrée sa péniche et contenir la zone marécageuse voisine.

Pour Mary Jo Ignoffo, une autre raison pour laquelle Sarah Winchester se serait plu à faire durer les travaux à la Llanada Villa tient à ses propres employés. Ce chantier permanent lui permettait de continuer à verser des salaires à ses carreleurs, plâtriers, menuisiers, ainsi qu'à tous les artisans qui vivaient sur sa propriété. Car si la veuve vivait seule dans son immense maison, des dizaines d'employés et de domestiques étaient logés et travaillaient sur place. Et, à la lecture de sa correspondance avec Frank Lieb, on découvre que Sarah prenait particulièrement soin d'eux, allant jusqu'à leur verser un salaire deux fois supérieur à celui en vigueur dans la région. Lorsque son fidèle chauffeur Frank Carroll meurt à 50 ans d'une crise cardiaque, en 1909, elle prend en charge son enterrement et achète une ferme à son épouse Mary et à leurs trois enfants. Tous lui voueront une immense reconnaissance et combattront longtemps, mais sans guère de succès, les rumeurs qui circulaient sur leur bienfaitrice.

On remarque, à parcourir la liste des employés du domaine, l'immense diversité du melting-pot californien. Depuis la ruée vers l'or (1848-1856), l'État s'était peuplé de colons venus de la côte est, d'Européens du Nord récemment immigrés ainsi que de Chinois – 4 000 dans la seule vallée de Santa Clara, qui comptait 43 000 habitants à l'arrivée de Sarah Winchester en 1886. Or, là comme ailleurs aux États-Unis, prédominait un fort sentiment antichinois. On les accusait de multiples maux, comme celui de tirer les salaires vers le bas, mais aussi de travers raciaux, comme une trop forte natalité. Longtemps stigmatisés, les Chinois travaillant aux États-Unis ne pourront pas acquérir la nationalité américaine entre 1870 et 1952. En 1882, le Capitole vote la première loi de restriction à l'immigration, *The Chinese Exclusion Act*, interdisant aux travailleurs chinois d'émigrer aux États-Unis pendant dix ans, loi reconduite en 1892, puis permanente de 1904 à 1943. En Californie, c'est en mars 1887 que le conseil municipal déclare, à l'unanimité, le quartier chinois de San Jose, situé le long de Market Street, « nuisance publique » et décide de sa destruction afin d'y bâtir le nouvel hôtel de ville. Mais des incendies volontaires eurent lieu avant même que les autorités n'agissent… Plus de 1 400 personnes durent fuir.

Les Japonais qui arrivent à partir de 1885 remplacent la main-d'œuvre chinoise et font face à la même hostilité. La Californie se distingue en prenant la tête d'un mouvement antijaponais, qui reprend les mêmes stéréotypes invoqués contre les Chinois. En 1905, à San Francisco, la Ligue pour l'exclusion des Japonais et des Coréens voit le jour ; en 1913, la loi californienne *The Alien Land*

Act interdit aux étrangers ne pouvant prétendre à la naturalisation (comprendre les Asiatiques) d'acquérir des terres agricoles.

Tommy Nishihara tenant dans ses bras un petit enfant [Ida ?], posant sous un arbre en fleurs dans la propriété de Sarah Winchester. Extrait d'un album de photographies appartenant à la famille Hansen. ©History San Jose.

Dans ce contexte de racisme anti-asiatique exacerbé, la Llanada Villa apparaît comme un havre de paix. Sarah Winchester embauchait ses employés sans distinction de nationalité ou de race. Quelle meilleure marque de confiance que de confier les cuisines de sa maison à Charlie Yen, né en Chine ? Par ailleurs, les archives montrent la présence de nombreux Japonais et Japonaises exerçant les métiers de couturières et d'aides-cuisiniers. De plus, Sarah Winchester éprouve un réel attachement pour certains de ses employés, comme Tommie Nishihara, son jardinier, sa femme Ito et leur fils Ryoichi. Lorsque Tommie Nishihara est devenu grand-père, raconte Mary Jo Ignoffo, sa petite-fille a été nommée Ida Winchester Nishihara, un bel hommage rendu à Sarah. Ces informations proviennent des archives de John Hansen, dont la famille entretenait des liens très étroits avec les Nishihara.

Enfin, à sa mort, Sarah Winchester n'oublie aucun de ses fidèles employés et les couche sur son testament. Une fois encore, Mary Jo démonte, preuves à l'appui, la légende noire qui entoure la vie de Sarah Winchester. La presse, elle, fidèle à sa grille de lecture, fait de ces Asiatiques entourant Sarah Winchester une étrange confrérie sacrifiant, en sa présence, à des rituels religieux suspects et anormaux. Quelle plus belle preuve de démence que de réunir de tels individus dans sa vaste demeure ?…

– 4 –

Aux origines de la rumeur

Finalement, quelles zones d'ombre demeurent dans la vie si libre – mais si peu « bizarre » – de Sarah Winchester ?

La question de son départ de New Haven, où elle avait toujours vécu, pour s'installer à l'autre bout du pays pourrait nourrir de nombreuses spéculations. Une fois encore, Mary Jo Ignoffo démystifie cet épisode et fournit une explication prosaïque, coupant court à tout racontar : dès les années 1880, Sarah souffrait de rhumatismes qui pouvaient être combattus par le chaud climat californien. La région convenait mieux à ses problèmes de santé que la côte est, si humide et venteuse.

Sa rencontre avec Adam Coons, le médium de Boston ? Aucune archive ne livre le nom d'un tel personnage dans la ville. Une collègue universitaire de Mary Jo Ignoffo, spécialiste du très influent hebdomadaire spiritualiste bostonien *The Banner of Light*, publié entre 1857 et 1907, estime que cet Adam Coons, introuvable dans cette publication, ne serait finalement qu'une invention.

Et le délire superstitieux de Sarah, la présence récurrente du nombre 13 ? On a vu qu'en 1923, lors de la première visite faite à la presse, la journaliste Ruth Amet, pourtant avide de sensationnalisme, n'en parle jamais. La légende naît des médisances du voisinage, auxquelles la presse a offert une immense caisse de résonance. Puis, en 1923, lorsque John et Mayme Brown ouvrent la maison au public, ils se serviront sans vergogne dans l'incroyable bric-à-brac de rumeurs et suppositions qui circulaient dans la région depuis plus de trente ans. Ils ajouteront eux aussi leur pierre à l'édifice, avec deux nouveaux éléments pour couronner le mythe, le fétichisme du nombre 13 et la *spirit room*. Cette demeure, devenue leur gagne-pain, avait tout intérêt à offrir aux visiteurs des sensations toujours plus fortes ! Voilà pourquoi la famille Brown ne répond jamais aux interviews. Il est de leur intérêt que Sarah Winchester demeure éternellement une folle solitaire et bizarre, obsédée par les esprits. On comprend aussi pourquoi Mary Jo Ignoffo n'a jamais été la bienvenue dans la Winchester Mystery House… Dévoiler le mystère signerait la fin de l'attraction touristique.

L'histoire était donc trop belle ! Que reste-t-il de ce récit de maison hantée fascinant, mêlant communication avec les morts et demeure labyrinthique, pensées magiques et archaïques alors que le pays se dirigeait tambour battant vers une modernité conquérante ?

Si la légende de la maison Winchester a si bien fonctionné – et fascine toujours autant –, c'est qu'elle offre tous les ingrédients dignes d'une fiction, avec en point d'orgue un personnage romanesque et complexe, poursuivi par des forces maléfiques. Surtout, nous voulons croire à cette histoire parce que, justement, nous avons envie d'y croire ! Tous nos désirs et nos peurs peuvent se projeter sur ce récit qui, par sa dimension universelle, interroge notre rapport à la mort, au deuil, à la folie et à la culpabilité.

– 5 –

Être femme dans les années 1890

Une autre lecture peut être faite de la vie de Sarah Winchester à travers l'évolution de la place des femmes dans la société occidentale. Car c'est une femme libre qui s'installe dans la vallée de Santa Clara. Indépendante vis-à-vis de sa famille, dépourvue de référent masculin, elle est seule et son état ambigu, ni épouse ni mère, interroge.

On connaît l'ambivalence du statut de veuve. La veuve, symboliquement, est la femme qui a enterré son mari, qui lui survit, rappelle l'historien Robert Muchembled, spécialiste des sorcières : « *Une femme seule est toujours suspecte aux yeux des hommes et de l'Église en temps de crise. On la préfère assujettie. On estime que la femme ne doit pas échapper à la tutelle masculine sans laquelle elle serait incapable d'obtenir son salut. Ce sont donc particulièrement les veuves qui concentrent les craintes, qui sont regardées comme des dangers potentiels pour la société masculine et seront très vite qualifiées de sorcières. »*

Sarah Winchester ne sera jamais qualifiée de sorcière, nous sommes au XIXᵉ siècle aux États-Unis, non aux XVIᵉ et XVIIᵉ siècles en Europe – époque où a eu lieu la chasse aux sorcières –, mais, dans l'imaginaire collectif, le statut de veuve continue d'inspirer de la méfiance. Une Sarah Winchester remariée n'aurait laissé aucune prise aux rumeurs colportées par la presse, qui de toute évidence se serait détournée de son cas.

Si son statut social nourrit les spéculations, son silence et sa solitude, eux, dérangent franchement. À cette époque, dans la bonne société, on attend d'une veuve, *a fortiori* sans enfant, qu'elle revienne dans sa famille ou sa belle-famille, voire qu'elle fonde un nouveau foyer en se remariant – mais cela reste rarissime. Sarah Winchester déçoit toutes ces attentes : non contente de tourner le dos à ses proches, elle s'établit dans la région la plus éloignée de sa ville d'origine, tirant un trait sur la première partie de sa vie. Elle laisse derrière elle Jane Winchester, sa belle-mère, et Jennie Bennett, sa belle-sœur, avec lesquelles les relations semblaient parfois un peu tendues.

Mary Jo Ignoffo avance même que la construction sans fin de sa maison aurait permis à Sarah

Winchester de tenir cette dernière à distance. En effet, dans une lettre écrite pourtant douze ans après le début des travaux, Sarah confie à sa belle-sœur que la Llanada Villa, certes suffisamment confortable pour accueillir une petite famille, ne peut malheureusement pas encore « recevoir d'invités ». De fait, Jennie Bennett ne viendra jamais en Californie, malgré ses demandes réitérées.

Ce que l'on sait moins, c'est que Sarah Winchester ne s'était pas installée seule en Californie, mais avait entraîné avec elle ses trois sœurs. Nettie l'avait suivie sans hésiter. Profondément éprouvée par la mort de Mary, leur sœur aînée, elle était à la recherche de renouveau. En 1885, elle arrive à San Francisco avec son mari nommé directeur au Mills College, une petite université pour étudiantes. En 1887, c'est au tour de ses deux autres sœurs de s'établir en Californie : à San Francisco, Estelle, fraîchement divorcée, et ses enfants ; à Los Altos, Isabelle, son mari et leurs enfants. Seule cette dernière restera définitivement en Californie et sa fille, Marion, surnommée « Daisy », passera quinze ans aux côtés de sa tante à la Llanada Villa, en tant que secrétaire privée, jusqu'à son mariage. Estelle mourra en 1894. Nettie, après les déboires de son mari sur son lieu de travail, décidera de rentrer sur la côte est en 1900. Mais pendant toutes ces années, Sarah Winchester sera pour ses trois sœurs et leurs maris le rocher sur lequel s'appuyer, aussi bien financièrement que psychologiquement. Elle les soutiendra de manière avisée, se comportant en cheffe de famille incontestée et bienveillante.

Portrait de Marion I. Marriott (dit « Daisy »), photographiée entre 1890 et 1915, collection Carl Hansen, ©History San Jose.

En choisissant de vivre dans le jeune État californien, Sarah Winchester pensait-elle s'affranchir des pesantes conventions de son milieu ? Elle s'assurait d'échapper, en effet, à ce que l'on attendait d'elle, une vie remplie d'invitations et d'œuvres de bienfaisance. Derrière sa discrétion, on devine une femme qui refuse d'être assignée à son genre. Mieux, elle souhaitait démarrer, à 40 ans passés, une vie qui lui ressemblerait vraiment. Elle allait se réaliser grâce à la construction de sa maison, une passion tentaculaire, étrange, mais qui la laisserait maîtresse à bord, sans personne pour la diriger, pas même un architecte... La patronne, c'était elle ! Dans la région, d'autres femmes, tout aussi riches, ont construit des demeures immenses. Mais à la différence de ces dernières, Sarah décidait de tout, seule, sans homme.

Stéphanie Sauget souligne que les États-Unis de la fin du XIXe siècle se caractérisaient par une « folie des grandeurs » qui s'était emparée des plus riches et qui passait par une bonne dose d'excentricité. Les grandes familles aimaient marquer le paysage urbain par des créations monumentales, comme Carnegie Hall, une salle de concert new-yorkaise financée par l'industriel Andrew Carnegie en 1891, ou l'université de Stanford, en Californie, construite entre 1885 et 1891 grâce à Leland Stanford, magnat des chemins de fer, et sa femme Jane. Nombreux sont les édifices qui portent le nom de leurs créateurs en cette fin de siècle. Ces bâtiments, ouverts au public, célèbrent la richesse de leurs propriétaires. Sarah Winchester s'inscrit dans ce cadre, mais à la différence des autres, la Llanada Villa, malgré une débauche de moyens, n'avait pas vocation à être visitée.

Un autre élément contribue au sentiment d'étrangeté que les contemporains éprouvaient face à elle : Sarah Winchester, loin d'être une « faible femme », se révélait une véritable cheffe d'entreprise. Une fois encore, sa correspondance avec son avocat révèle une femme qui investit, prend des décisions, achète, vend et fait fructifier sa fortune. Rien de plus faux que la rumeur qui la donne à l'origine de la faillite de l'entreprise Winchester ! À cette époque, on attendait qu'une femme dépense de l'argent pour des actions caritatives, mais pas qu'elle en gagne. Toutes ces occupations, trop « viriles », attiraient bien vite la méfiance, commente Mary Jo Ignoffo.

Faut-il donc voir Sarah Winchester comme une représentante de l'avant-garde du féminisme ? Difficile de juger, tant pour des raisons historiques que psychologiques. Du fait de son caractère et de ses handicaps, on l'imagine mal se rendre à des rassemblements ou adhérer à un club de femmes. Cette États-Unienne était pourtant née dans le siècle qui a vu la création du féminisme comme mouvement politique, et dont l'acte de naissance officiel aux États-Unis date du 20 juillet 1848. Sarah, du haut de ses 8 ans, était peut-être trop jeune pour avoir entendu parler de cet événement qui avait défrayé la chronique. Construit sur le modèle de la Déclaration d'indépendance des États-Unis, le texte, *The Declaration of Sentiments*, revendiquait l'égalité des femmes et des hommes et dressait la liste des griefs faits aux femmes, qu'il s'agisse de la privation du droit de vote, de l'interdiction de suivre des études supérieures, de la privation du droit à la propriété et au salaire, de l'inégalité dans les droits de divorce… Toute la seconde moitié du XIXe siècle sera marquée par le combat des féministes qui finiront par obtenir le droit de vote en 1920. Mais les femmes de couleur en seront exclues et devront encore attendre quarante-cinq ans avant de pouvoir voter, grâce au *Voting Rights Act* du 6 août 1965.

Sarah est âgée de 46 ans lorsqu'elle entame la seconde partie de son existence en Californie – ce qui fait d'elle une vieille dame à une époque où l'espérance de vie ne s'élevait qu'à 43 ans pour les femmes à leur naissance. Un sentiment d'urgence devait l'assaillir, d'autant plus que sa polyarthrite rhumatismale devenait chronique. Pourtant, elle a fait le choix de se lancer dans un chantier au long cours, se projetant dans l'avenir, un peu plus tous les jours, grâce à sa maison. Et le moins qu'on puisse dire, c'est que cela lui a réussi, puisqu'elle a vécu jusqu'à 83 ans !

– 6 –

Architecte de sa consolation

Si la légende de Sarah Winchester connaît une telle vitalité, c'est également parce qu'elle met en scène une femme et sa maison. Or, c'est au XIXe siècle que la maison prend une dimension particulière dans le monde occidental. Avec la révolution industrielle, elle devient un lieu à part, coupé du monde du travail, contrairement aux époques précédentes qui voyaient fréquemment atelier et domicile s'entremêler. À compter des années 1850, écrit Stéphanie Sauget dans son *Histoire des maisons hantées*, « *le foyer devient une sphère presque exclusivement privée, c'est-à-dire un lieu de consommation (plutôt que de production), de repos (plutôt que de travail) qui s'oppose au "bureau" ou à "l'usine"* ». La maison va alors être investie d'une nouvelle attention. Là où le décor était immuable, les meubles peu nombreux, la haute bourgeoisie va se passionner pour le mobilier, la décoration, le réaménagement régulier des intérieurs.

En France, c'est à partir de la première moitié du XVIIIe siècle que cette tendance se dessine. L'aristocratie, lassée de la vie publique à la cour sous Louis XIV et du « paraître », est à la recherche d'espaces plus petits, intimes, à l'abri des regards. La bourgeoisie lui emboîte le pas et, dès la fin du XIXe siècle, le principe d'un chez-soi privé et intime gagne toutes les couches sociales. En Angleterre, c'est la formule *home sweet home*, apparue en 1823 dans le titre d'une chanson, qui illustre le mieux ce phénomène. Le cottage, charmante maison de campagne, incarne le nouvel idéal bourgeois britannique, véritable nid douillet protecteur face à l'industrialisation. On est à la recherche d'un chez-soi rassurant et confortable dans un monde qui évolue trop vite. La maison devient l'objet de toutes les attentions, on la meuble, on la décore. Chaque intérieur est unique et dévoile la personnalité des propriétaires, leurs (bonnes) mœurs, leur (bon) goût. Comme le précise Stéphanie Sauget, cette identification des habitants à leur maison se produit à partir des années 1830-1840. Sarah Winchester s'inscrit donc parfaitement dans son époque en se passionnant, comme les autres membres de sa classe sociale, pour la décoration intérieure.

Reste une question en suspens : pourquoi avoir construit une maison démesurée au point d'en devenir labyrinthique ? Reflétait-elle la mégalomanie de sa propriétaire, sa vie intérieure assurément complexe ? Même si Mary Jo Ignoffo a patiemment déconstruit le mythe, l'historienne n'en reste pas moins sidérée par le dédale intérieur de la Llanada Villa.

Si une maison reflète l'âme de ses habitants, que dire de celle de Sarah Winchester ? C'est à Alberto Eiguer, psychiatre, psychanalyste et auteur de *L'Inconscient de la maison*, que je décide de poser la question. Dans cet essai illustré par de nombreux cas cliniques, le praticien s'est longuement penché sur l'intérieur de la maison et ses représentations, un espace qui reflète immanquablement l'histoire, la personnalité et les conflits intérieurs de chacun. Pour lui, les vécus de l'espace habité sont étroitement liés à une configuration inconsciente, « l'habitat intérieur », car nous aménageons notre maison, la créons, la détruisons parfois, d'après des lois qui nous échappent. Il est bien sûr impossible de porter une analyse psychanalytique sur Sarah Winchester, l'éternelle grande absente de notre histoire. Une tâche rendue d'autant plus difficile que cette science n'existait pas, ou peu, à l'époque de Sarah.

Le terme de « psychoanalyse » apparaît sous la plume de Sigmund Freud en 1896 alors que

Sarah avait 43 ans. En 1900 paraît *L'Interprétation des rêves* de Freud, qui est souvent considéré comme la date de naissance de la psychanalyse. En 1909, Freud et ses condisciples, Carl Jung et Sándor Ferenczi, se rendent pour la première fois aux États-Unis, où la psychanalyse rencontrait un intérêt croissant. Freud donnera une série de conférences à la Clark University dans le Massachusetts, qui feront l'objet d'une parution en 1910 dans l'*American Journal of Psychology*. Ces *Cinq conférences sur la psychanalyse* connaîtront un immense succès. Il est pourtant peu probable que Sarah Winchester ait entendu parler de cette nouvelle discipline. Âgée de 71 ans en 1910, elle est définitivement installée à Atherton, paisible bourgade californienne aux antipodes de la bouillonnante et intellectuelle côte est.

Ces réserves étant émises, Alberto Eiguer nous offre quelques pistes d'explication. D'abord apparaît un élément positif : la construction d'une habitation peut avoir un aspect réparateur pour une personne frappée par des deuils. Mais encore faut-il faire vivre ce lieu, pour qu'il ne devienne pas une maison mortuaire, un tombeau. L'inachèvement de la Llanada Villa frappe tout particulièrement le psychiatre. Dans son cabinet, il travaille fréquemment avec des patients qui ne parviennent pas à terminer leur maison. Or, une maison doit être un aboutissement, explique

Alberto Eiguer. Il faut qu'elle soit finie pour que ses habitants puissent profiter pleinement de ce qu'elle a à leur offrir. Les personnes en incapacité de la finir – ou qui ne le veulent pas – se montrent en quête d'impossible, d'inatteignable, ou sont endeuillées, portant en elles des situations inachevées, la perte d'êtres chers ou de sujets qu'elles n'arrivent pas à enterrer. La maison inachevée devient la traduction de ces symptômes et pourrait illustrer la situation de Sarah Winchester, venue s'installer en Californie après la mort de son mari.

Le fait que la Llanada Villa ne soit pas ouverte aux autres va dans le même sens. Alberto Eiguer y voit davantage un hommage aux morts qu'aux vivants, car une maison offre, en principe, la possibilité de renouer avec la vie grâce à la visite de personnes extérieures. Quand on dénie le besoin des autres, l'intérêt qu'ils peuvent présenter, ajoute-t-il, on se trouve en réalité dans une difficulté majeure, qui peut prendre la forme d'un fort sentiment de persécution ou d'un profond vide intérieur. C'est cette dernière possibilité qui semblerait correspondre au cas de Sarah Winchester, surdéterminée par l'absence et les morts. Lorsque la construction paraît compulsive et sans fin, le vide intérieur est impossible à combler quoi que l'on fasse, qu'on le remplisse avec des objets, des idées ou des activités. On retrouve ce cas de figure dans des pathologies qui vont, pour les plus graves, de la psychose à la mélancolie en passant par des états dépressifs. *« Ce vide est-il intrinsèque à Sarah Winchester ou correspond-il à l'ombre de l'absent, la disparition des êtres aimés ? »* s'interroge Alberto Eiguer. Mais d'ajouter aussitôt qu'il serait dommage de réduire Sarah Winchester à une pathologie et de l'enfermer dans un diagnostic, quel qu'il soit.

Nous terminons notre entretien sur la notion de labyrinthe. Le psychanalyste me précise que cet élément – présent aussi bien dans la littérature et les mythes que dans l'histoire des jardins – est porteur, on l'oublie, d'un sens positif. Car au bout du labyrinthe se trouve la divinité, une métaphore développée tout au long du Moyen Âge et de la Renaissance. Le labyrinthe offre l'accès au divin, à celui qui a déjoué les difficultés du dédale grâce à sa hardiesse et son intelligence. Mais que dire de Sarah Winchester qui a, elle-même, créé son propre labyrinthe ? Considérait-elle sa maison comme un dédale ? A-t-elle été dépassée par l'immensité de sa construction ? S'y perdait-elle ou vivait-elle seulement dans une petite partie de sa demeure ? Nul ne peut répondre aujourd'hui à ces questions. Quoi qu'il en soit, une maison est faite pour que l'on ne s'y perde pas. Ses habitants doivent aisément avoir accès à ce qu'ils cherchent, qu'il s'agisse d'une pièce ou d'objets. *« Sarah Winchester pourrait avoir créé une difficulté là où il ne devrait pas y en avoir, mais il doit exister une raison à cela*, conclut Alberto Eiguer, *qui nous renvoie à la part de mystère que possède toute maison.* »

– 7 –

Home sweet home

En construisant sa maison, Sarah Winchester retrouvait probablement le plaisir – qu'elle avait partagé avec son mari William – de l'architecture, de l'aménagement intérieur et du design. Mais cette passion justifiait-elle un chantier sans fin qui ne devait pas être sans tracas pour son quotidien ?

Les projets de maisons infinies évoquent les arts hors normes – comme l'art brut, naïf ou singulier –, tous caractérisés par des créateurs marginaux et autodidactes, concevant leurs œuvres dans la solitude, en dehors de l'influence du milieu artistique et des normes esthétiques convenues. On songe par exemple, en France, à la maison Picassiette, construite par Raymond Isidore (1900-1964), employé communal à Chartres, entièrement recouverte de débris de verre et de vaisselle, ou au palais du facteur

Ferdinand Cheval (1836-1924). Contemporain de Sarah Winchester (1839-1922), il édifie son incroyable palais dans son village d'Hauterives (Drôme), de 1879 à 1912. « *Un travail colossal d'un seul homme qui a coûté à son auteur 34 ans d'un travail opiniâtre, 9 000 journées, 64 000 heures* », a-t-il écrit sur un mur de son palais. Tout comme Sarah Winchester, Ferdinand Cheval a traversé des deuils douloureux et débute son incroyable construction à un âge déjà mûr, vers 40 ans, mû par le même goût pour l'architecture et l'art, et surtout avec l'envie de « *distraire ses pensées* », dans l'incompréhension la plus totale de son voisinage, comme il l'a consigné dans ses mémoires :

« *C'est alors que les langues se délièrent dans le pays et les environs, l'opinion fut vite faite : "C'est un pauvre fou qui remplit son jardin de pierres." En effet, on était bien porté à croire que cela résultait d'une imagination malade. L'on riait, l'on me blâmait, l'on me critiquait, mais comme ce genre d'aliénation n'était ni contagieuse ni dangereuse, on ne crut pas utile d'aller chercher quelques docteurs aliénistes et je pus alors me livrer à ma passion en toute liberté malgré tout, n'écoutant pas les railleries de la foule car je savais que de tout temps elle tourna en dérision et même persécuta les hommes qu'elle ne comprit pas.* »

Indifférents aux regards moqueurs, le facteur et l'héritière, exacts contemporains, partagent la même volonté d'aller au bout de leurs rêves, créant une œuvre labyrinthique (un terme que revendique Ferdinand Cheval) où s'accumulent les détails, les références et les rajouts. Mais à la différence de Sarah Winchester, le facteur ne dispose d'aucune fortune et, surtout, il ouvrira son palais au public dès 1905 en organisant lui-même des visites. L'extravagance de sa construction lui assurera une renommée qui culminera en 1969, avec l'inscription du palais au titre des Monuments historiques.

Contrairement à la Llanada Villa, les bâtiments du facteur Cheval et de Raymond Isidore, édifiés exclusivement avec des matériaux de récupération (céramiques brisées pour l'un, pierres pour l'autre), portent en eux une puissante force vitale. En effet, ces créations, qui attribuent un nouvel usage à d'anciens matériaux, soulignent une volonté de renaissance, voire de résurrection, de la part des deux artistes français, estime le psychanalyste Alberto Eiguer.

Le palais du facteur Ferdinand Cheval. © Signal Photos / Alamy

Plutôt qu'au palais idéal du facteur Cheval, l'historienne Stéphanie Sauget songe, elle, à une autre maison, beaucoup moins connue ; celle de Jeanne Devidal (1908-2008), postière dans la petite ville balnéaire de Saint-Lunaire, en Bretagne.

À partir des années 1950, cette femme agrandit sa maison, ici aussi à partir de matériaux de récupération (briques, cageots, ferrailles, morceaux de bois) coulés ensuite dans du béton. Pendant quarante ans, elle édifie une construction hors du commun, tenant du château branlant, où l'empilement des étages défie les règles élémentaires de l'équilibre, bravant les lois de l'urbanisme et de l'architecture. L'intérieur de la bâtisse n'échappe pas à cet étonnant foisonnement puisqu'un tilleul pousse dans l'une des pièces. Pour les touristes et les artistes, cette maison extravagante est une œuvre d'art, pour beaucoup d'autres, cet amas de béton, de cageots, de ciment et de plastique sort directement du cerveau malade de celle que l'on surnomme « la folle de Saint-Lunaire », à la fois crainte et fascinante. La maison sera détruite en 1991, l'année où Jeanne Devidal partira en maison de retraite. La réalisatrice Agathe Oléron a retracé dans *La Dame de Saint-Lunaire* (2016), un film aussi juste que poétique, le destin de cette femme hors du commun. Résistante, probablement torturée par la Gestapo et dont le frère était mort en déportation, elle a construit une maison-refuge, cuirassée par toujours plus de murs, la protégeant du monde comme une carapace.

Stéphanie Sauget aime comparer les demeures de San Jose et de Saint-Lunaire, voulues par des femmes qui, pour réaliser seules leur projet sans fin, y ont consacré toute leur volonté et leur énergie. Les deux bâtisses partagent un sort identique et disparaissent dès que l'âme de leur propriétaire quitte les lieux : la Llanada Villa voit son destin radicalement changer après le séisme de 1906, la « maison folle » de Jeanne Devidal sera rasée quelques semaines après le départ de sa propriétaire. *« Nous sommes face à des projets architecturaux restés inachevés et marqués par la destruction »*, conclut Stéphanie Sauget.

Sarah Winchester, comme Ferdinand Cheval ou Jeanne Devidal, était-elle une marginale (« en marge, non conforme aux normes d'un système donné »), une *outsider* (« celui ou celle qui est en dehors ») ? Oui, si l'on considère qu'elle a réalisé sa maison sans se soucier des diktats conformistes ni du qu'en-dira-t-on. À la manière d'un facteur Cheval ou d'une Jeanne Devidal, elle a accompli une œuvre prenant la forme d'une maison afin d'y projeter son monde intérieur.

Une fois écartées les théories de la folie et du spiritisme, que reste-t-il de la maison de Sarah Winchester ? Assurément un projet architectural d'une immense liberté et d'une grande ingéniosité, constate Philippe Baudouin. « *C'est l'œuvre d'art d'une* outsider, *car il existe chez sa propriétaire une rupture avec la normalité et les conventions sociales. J'y vois aussi une remise en question des genres. Car dans la seconde moitié du* XIX*e* *siècle aux États-Unis, la répartition du masculin et du féminin à l'intérieur même de la maison se trouvait extrêmement codifiée. Il existait des salles uniquement destinées aux femmes et d'autres réservées aux loisirs de ces messieurs. Sarah Winchester redistribue les rôles du masculin et du féminin dans sa maison et, de surcroît, s'impose dans le domaine très phallocrate de l'architecture. Construire, seule, une maison peut s'interpréter aujourd'hui comme le combat* *d'une femme contre l'enfermement et la logique du patriarcat. »*

En effet, au XIXe siècle, la distinction entre sphères domestique et professionnelle accentue encore un peu plus la division entre les espaces « féminins » et privés (en premier lieu la maison) et ceux « masculins » et publics. Au sein de la bourgeoisie, les femmes endossent le rôle de gardiennes du foyer, avec comme unique perspective, rappelle Stéphanie Sauget, celle de devenir bonne épouse, bonne mère et bonne maîtresse de maison. Le *home*, écrit l'historienne, *« est aussi une définition bien masculine du paradis terrestre, car si la maison est le nid douillet, le refuge et le lieu de repos du guerrier, elle est aussi synonyme pour les femmes d'asservissement domestique »*. Ainsi, au XIXe siècle, et notamment dans la littérature de cette époque, se propage l'association entre la « bonne maison » tenue par la « bonne » maîtresse de maison, véritable fée du logis, et la « mauvaise maison », habitée par la folle du logis, une femme névrosée. Aux États-Unis, dès les années 1860-1870, l'association entre maison hantée et troubles psychiques de la propriétaire devient courante. Au XIXe siècle, la maison hantée devient la métaphore de la séquestration symbolique des femmes, qu'elle soit sociale, familiale, conjugale ou personnelle, explique Stéphanie Sauget.

C'est bien parce que ces deux lectures opposées de maison – *home sweet home* contre maison hantée – cohabitent à l'époque de Sarah Winchester que la légende se propagera. Pour ses contemporains, la tentaculaire Llanada Villa restait illisible et incompréhensible, tout autant que la vie recluse de sa propriétaire, à l'opposé de la bonne maîtresse de maison puisqu'elle ne recevait personne.

En prenant la décision de s'installer à San Jose, Sarah Winchester avait clairement exprimé le désir de ne pas suivre la voie tracée pour une femme de sa classe sociale et de son âge. En revanche, sans doute a-t-elle sous-estimé le poids de son nom de famille. Car il semble clair que si l'entreprise Winchester avait continué à fabriquer des chemises, l'héritière de la Winchester & Davies Shirt Manufactory n'aurait pas été autant dénigrée. Son nom de famille la reliait aux armes et aux forces obscures qui travaillaient son pays.

– 8 –

Les armes à feu aux États-Unis

Le 24 mai 2022, le président Joe Biden rentre précipitamment aux États-Unis après une fusillade dramatique dans l'école d'Uvalde, au Texas. À son arrivée, la première déclaration du chef de l'État, rapportée par les médias, pose la question : *« Ce qui m'a frappé pendant ce vol de 17 heures, c'est que ce genre de tuerie n'arrive quasiment nulle part ailleurs dans le monde. Pourquoi ?* » Oui, pourquoi les États-Unis entretiennent-ils un rapport aussi particulier aux armes ? Selon le site *Small Arms Survey*, qui répertorie le nombre d'armes détenues par des civils dans le monde entier, on compte aux États-Unis, en 2020, près de 400 millions d'armes à feu en circulation pour 370 millions d'habitants. À titre comparatif, toujours d'après le même site, on compterait à peine 19 armes pour 100 habitants en France.

La question des armes traverse toute l'histoire du pays avec, comme acte législatif fondateur, la Déclaration des droits, *The United States Bill of Rights*, écrite et votée en 1791, dont le deuxième des dix amendements reconnaît le droit aux habitants d'être armés : *« Une milice bien organisée étant nécessaire à la sécurité d'un État libre, le droit du peuple de détenir et de porter des armes ne doit pas être transgressé. »*

Ce texte, écrit huit ans après la fin de la guerre d'Indépendance des États-Unis, reflète la volonté des Pères fondateurs de défendre une liberté récente, arrachée, les armes à la main, à la Couronne britannique. L'écriture de cet amendement a aussi été influencée par les représentants des États esclavagistes du Sud qui craignaient les rébellions des esclaves, quatre fois plus nombreux que les Blancs. L'instauration de milices armées permettrait de contrôler ces populations dans l'éventualité où le gouvernement fédéral abolirait l'esclavage.

En un demi-siècle, de 1803 à 1853, le pays triple sa superficie et passe de 5,3 millions d'habitants à plus de 23 millions (dont 3 millions d'esclaves). De l'Atlantique au Pacifique, le son des armes à feu accompagne cette incroyable croissance. Lorsque Sarah Winchester naît, 27 États composent son pays ; à sa mort en 1922, on en compte pas moins de 48. Comme tous ceux de sa génération, son existence a été accompagnée par la notion de « frontière », *frontier* ou *borderline* en anglais, synonyme aux États-Unis de « dépassement » et de « conquête ». Ce terme a façonné et continue de façonner l'imaginaire nord-américain – pensons au programme politique économique et spatial de Kennedy, lancé en 1960 sous le nom de « Nouvelle Frontière ». Cette puissante notion de frontière à dépasser participe à la constitution de l'identité nationale avec, comme point d'orgue, la conquête de l'Ouest, après la découverte des mines d'or californiennes en 1848. À l'agrandissement du pays par achats de terres ou traités succèdent des guerres d'annexion, qui voient notamment les États-Unis arracher le Texas et la Californie au Mexique, sans oublier, bien sûr, la longue et sanglante appropriation des terres amérindiennes. Symbole de cette expansion et de cette conquête, l'arme des pionniers s'appelle la carabine Winchester.

Avec son tableau *American Progress* (1872), le peintre John Gast propose une métaphore bien adoucie de cet esprit de conquête. On y voit Columbia flottant dans les airs, figure allégorique représentant les États-Unis sous les traits d'une jeune femme blonde tenant entre les mains un livre, symbole d'éducation, et le fil du télégraphe, emblème de la modernité. Elle survole un paysage vallonné où progressent, d'est en ouest, diligences, train à vapeur, chariots de colons. Au premier plan, on aperçoit un groupe d'hommes empoignant des outils agricoles et un fusil. Si la droite du tableau représente l'Est du pays, civilisé, cultivé, sur lequel se lève un soleil radieux, la partie gauche, l'Ouest, encore enténébrée sous un ciel parcouru de lourds nuages, est arpentée par des animaux sauvages et des Amérindiens qui prennent la fuite devant l'avancée des colons. Incarnant le dépassement de la frontière et la conquête, la figure de Columbia symbolise aussi le progrès en marche et la mission civilisatrice du pays, rendus inexorables grâce au fusil et à la charrue.

Ce tableau illustre ce que les Nord-Américains appellent *The Manifest Destiny*, la « Destinée manifeste », la croyance en un droit quasi divin autorisant les pionniers à s'approprier les terres de l'Ouest. Apparue en 1845 sous la plume du journaliste new-yorkais John O'Sollivan, cette expression devient la justification morale, religieuse et politique de la colonisation du pays, malgré la présence amérindienne et mexicaine.

« It is our manifest destiny to overspread the continent allotted by Providence for the free development of our yearly multiplying millions. »

« C'est notre destinée manifeste de nous déployer sur le continent confié par la Providence pour le libre développement de notre grandissante multitude. »

La Providence, c'est-à-dire Dieu, a offert cet immense espace aux habitants de la côte est afin qu'ils le valorisent. Inspiré d'un passage de la Genèse, « *Quant à vous, soyez féconds et multipliez-vous, répandez-vous sur la Terre* » (Gn, 9,7), ce concept transforme de fait l'Ouest en terre promise et les Blancs protestants en un nouveau peuple élu chargé d'une mission civilisatrice. Cette mystique de l'expansion et de la suprématie blanche et protestante perdure encore aujourd'hui dans certains milieux extrémistes, même si le terme de « Destinée manifeste » tend à s'estomper dans les discours et les esprits.

Ainsi, durant les années 1840, les États-Unis s'agrandissent de façon exponentielle. En l'espace de quatre ans, le territoire gagne 1,2 million de kilomètres carrés, un processus si rapide qu'il accrédite aux yeux des colons la thèse de la « Destinée manifeste ». L'identité du pays se façonne en très grande partie lors de la conquête de l'Ouest, avec ses pionniers et ses cow-boys armés, moment où une succession d'innovations technologiques, on l'a vu, a donné naissance à la carabine Winchester.

Sarah Winchester grandit dans un univers imprégné de ces notions de *frontier* et de *Manifest destiny*. Durant la plus grande partie de sa vie, les armes conservent une valeur positive, symbolique de l'esprit pionnier et de l'indépendance farouche des habitants.

C'est à partir du XXe siècle que le regard sur les armes évolue. La raison de ce (lent) changement ? L'urbanisation de la société, comme nous l'avons vu, et la prise de conscience – chez certains – que la conquête du territoire s'est faite dans le sang. On peut trouver les traces, diffuses, de cette évolution des mentalités dans les rumeurs colportées sur Sarah Winchester dans les journaux. Cette dernière n'a-t-elle jamais éprouvé un sentiment de culpabilité en raison de son appartenance à la famille Winchester ? Se sentait-elle responsable des victimes de la carabine dont elle portait le nom ?

Mary Jo Ignoffo, à qui je pose la question, ne le pense pas. La gestion avisée de sa fortune révèle plus de la fierté que de la culpabilité. L'historienne n'a d'ailleurs trouvé aucune trace d'une quelconque mauvaise conscience de Sarah dans sa correspondance. Le nom de Winchester devait plutôt symboliser à ses yeux une remarquable *success story*. Dans un pays qui promeut la réussite personnelle, le parcours d'Oliver Winchester, né dans la misère et mort en laissant derrière lui l'une des plus grosses fortunes des États-Unis, forçait le respect.

– 9 –

Les Amérindiens en Californie

Les légendes qui circulent autour de la Llanada Villa expliquent bien que les esprits des Amérindiens poursuivent de leur colère l'héritière de la fortune Winchester. On assiste, au début du XXe siècle, à une prise de recul au sujet des armes à feu. Désormais, les carabines ne symbolisent plus seulement le courage du pionnier, héros intrépide de la conquête de l'Ouest : on commence à prendre conscience de leur responsabilité dans le génocide amérindien.

Conscient de la disparition des peuples natifs, le photographe Edward Sheriff Curtis (1868-1952) parcourt le pays entre 1900 et 1930 afin de garder, grâce à ses clichés, une trace des peuples autochtones en voie de disparition et d'acculturation. Il procède également à l'enregistrement des langues et des chants, grâce à l'appareil à cylindre de cire de Thomas Edison. Mû par un véritable souci ethnologique, il réalise une immense collecte parmi 80 nations amérindiennes et prend plus de 40 000 clichés au cours des trente ans que dure son enquête. Son travail encyclopédique fut publié entre 1907 et 1930 en vingt volumes sous le titre *The North American Indian*. Dans la préface du premier volume, le président Theodore Roosevelt le remercie de ce travail :

« *Quiconque étudie sérieusement doit se féliciter de ce que monsieur Curtis ait donné à son projet la forme d'une œuvre durable, car c'est à notre génération qu'est offerte la dernière occasion de faire ce qu'il a fait. L'Indien tel qu'il a existé jusqu'ici est sur le point de disparaître.* [...] *Cela serait un véritable désastre si l'on ne conservait pas un témoignage vivant et authentique de* [ses conditions de vie]. »

L'œuvre d'Edward Sheriff Curtis, même si elle n'échappe pas toujours aux stéréotypes, reste, encore aujourd'hui, un témoignage majeur de l'histoire des Natifs et illustre la prise de conscience qui s'empare de certains habitants des États-Unis au début du XXe siècle.

En effet, la seconde moitié du XIXe siècle voit la disparition, massive et rapide, de bon nombre de peuples autochtones. Les premières réserves sont créées en 1851 dans la partie occidentale du pays. En 1871, l'*Indian Appropriations Act* retire leur souveraineté aux nations amérindiennes, elles doivent désormais se soumettre à Washington. De 1778 à 1890 se déroulent les interminables *Indian Wars* (guerres indiennes), nom donné par les historiens à une suite de conflits sanglants – à l'époque, on ne parle pas de guerre… – qui opposent les colons et l'armée aux peuples autochtones. Le massacre de plus de trois cents Sioux, hommes, femmes et enfants, à Wounded Knee (Dakota du Sud), perpétré le 29 décembre 1890 par l'armée, marque la fin officielle de ces guerres. L'histoire du XIXe siècle demeure entachée par ces massacres, ces mensonges (plus de 400 traités signés et tous violés, sans exception), ces lois qui, comme le *Dawes Act* de 1887, en privatisant les terres, détruisent les liens claniques et culturels. Un exemple ? Les *Indian Residential Schools*, des pensionnats créés dans les années 1870 et situés en dehors des réserves afin de détruire les identités culturelles autochtones parmi les jeunes générations. Pour définir ces politiques radicales, les historiens parlent aujourd'hui d'un ethnocide – destruction de l'identité culturelle –, sciemment provoqué par les gouvernements et les administrations qui se sont succédé. Ce concept d'ethnocide a été créé par l'Unesco dans le cadre de la défense des droits des autochtones (conférence de San Jose, 1981).

Mais ne serait-il pas plus légitime de parler de génocide ? Ce terme, créé en 1944 et employé dans un premier temps au sujet de la « solution finale » des nazis à l'encontre des juifs, définit la destruction méthodique d'un groupe ethnique, et par extension l'extermination d'un groupe en peu de temps. Or, l'ONU ne reconnaît aujourd'hui juridiquement que trois génocides : celui perpétué par l'Empire ottoman contre les Arméniens en 1915-1916, celui des juifs par les nazis de 1941 à 1945, et celui des Tutsis par le pouvoir hutu, au Rwanda, en 1994. Mais comment ne pas vouloir relire ce long et douloureux épisode des guerres indiennes à l'aune de nos connaissances actuelles sur les génocides du XXe siècle et les méfaits reconnus du colonialisme ?

Il n'existe pas, dans les textes fondateurs de la République des États-Unis, de volonté explicite d'anéantir les Amérindiens. Les massacres ont longtemps été qualifiés de « batailles » ou de « violences incontrôlées ». Après la Seconde Guerre mondiale, au cours des années qui ont vu éclore les débats sur la question des génocides, Washington s'était montré favorable aux termes d'« atteintes aux droits humains ». Mais aujourd'hui, la question reste ouverte et de nombreux chercheurs s'élèvent pour repenser et requalifier juridiquement les crimes d'État dont ont été victimes les peuples natifs.

En Californie, en une cinquantaine d'années, la population autochtone chute de 90 %, passant d'environ 200 000 à 15 000 à la fin du siècle. *Ishi, testament du dernier Indien sauvage de l'Amérique du Nord*, écrit en 1961 par l'anthropologue américaine Theodora Kroeber (1897-1979), donne une idée du sort des Amérindiens californiens. Ce livre retrace le parcours du dernier représentant des Yana, l'un des peuples établis en Californie du Nord.

À l'arrivée des pionniers en 1849, on compte 2 000 Yana. Vingt ans plus tard, il ne restait plus qu'une quinzaine d'individus aux abois, survivant clandestinement, cachés dans les montagnes. Ishi – qui signifie « homme » –, né vers 1861, grandit dans ce petit groupe traqué sans relâche par les colons. Un à un, tous les Yanas disparaissent, avalisant le sinistre proverbe alors à la mode chez les pionniers : « Un bon Indien est un Indien mort. » À la suite d'une ultime attaque, Ishi se retrouve seul. Après avoir mené une existence solitaire durant trois ans, il finit par se rendre, à bout de forces, en 1911. C'est alors que les anthropologues de l'université de Californie, puis le muséum, le prennent en charge et apprennent sa langue, afin de connaître son histoire. Il vivra cinq ans auprès d'eux, avant de mourir de la tuberculose en 1916. Theodora Kroeber, qui l'a bien connu, livre le témoignage bouleversant d'un homme qui a vu les siens mourir un à un, et qui n'a plus personne avec qui converser dans sa langue maternelle. Grâce au témoignage d'Ishi, nous savons de quelle manière les derniers Yana ont pu survivre de façon quasi invisible pendant trente-huit ans, sans laisser d'empreintes sur le sol, sans faire de feu ni de bruit, prenant soin de faire disparaître toutes les traces qui auraient pu trahir leur présence.

L'anthropologue retrace aussi le processus d'extermination des Amérindiens de Californie, la responsabilité des colons qui pratiquaient la « chasse à l'Indien » comme un sport, leurs expéditions punitives après des pillages opérés par les Yana qu'ils avaient affamés en les expulsant des terres qui étaient les leurs. Pour l'anthropologue Pierre Déléage, Ishi incarne *the last Indian* et le sort de la population amérindienne en Californie.

En retrouvant le brouhaha de San Jose, la vie californienne et ses plaisirs, difficile de déceler une trace des massacres qui se sont déroulés sur ces terres. Et pourtant… Ce motel qui m'héberge ressemble à des milliers d'autres. Il pourrait se trouver dans n'importe quel État du pays. Cependant, un détail le distingue des autres. Situé à quelques kilomètres à l'extérieur de San Jose, il est entouré d'un jardin. Dans celui-ci, on remarque trois sculptures en bois. À l'entrée, devant la réception, on trouve le visage caricaturé d'un Amérindien, traits taillés à grands coups de serpe, bouche sévère et regard inquiétant, puis, sur une autre pelouse se dresse un ours, symbole de la Californie. Sur un carré de gazon, la dernière statue représente un Amérindien sur un cheval décharné. Il personnifie ce que l'anthropologue Pierre Déléage appelle *The Last Indian*, l'Indien vaincu, inéluctablement voué à la disparition. Son attitude apathique, tête basse, bras ballants, indique bien les possibilités qui lui restent : la reddition ou la mort, dans les deux cas la confiscation inévitable de ses terres ancestrales.

Comment maintenir, dans un lieu d'hébergement touristique, une représentation aussi dégradante d'un peuple ? C. Richard King, anthropologue américain à la Washington State University, apporte un début de réponse, qui tient en un mot, « l'indianité ». Cette croyance inconsciente selon laquelle tout le monde a le droit de s'approprier l'image des « Indiens » a longtemps été considérée comme un héritage national. Pour des raisons commerciales, dans le monde du divertissement comme dans celui du sport, dans les jeux pour enfants, l'image de « l'Indien » a été commercialisée et ridiculisée pendant des décennies. La statue du motel que j'occupe me permet de mesurer le chemin restant à accomplir dans l'évolution des mentalités. Pierre Déléage, à qui je décris cette sculpture, établit un lien avec un emblème traditionnel du paysage des États-Unis de la fin du XIXe siècle, *the cigar store Indian*, présent devant les entrées de tous les bureaux de tabac. Illustration parfaite d'une indianité fantasmée, il représente l'« Indien » vêtu de sa coiffe de plumes (pourtant seulement portée par les peuples des Grandes Plaines), regardant au loin ou tenant dans la main des cigares.

On peut aussi penser à une publicité de la Winchester Repeating Arms Company datant des années 1940 : un père et son jeune fils à la chasse, tenant fermement une carabine entre les mains. Un commentaire accompagne l'image : *« Les Indiens, qui étaient des chasseurs nés, appréciaient les carabines Winchester par-dessus tout. Leur plus grande ambition était d'en posséder une et ils étaient prêts à tout pour l'obtenir, par le commerce, la violence ou la guerre. »* Une publicité révélatrice des stéréotypes racistes habituels sur les Amérindiens et leur nature prétendument belliqueuse et voleuse.

– 10 –

Sarah Winchester, bouc émissaire

Au mot « bouc émissaire », le *Larousse* indique :

« Référence au rite par lequel, selon la *Bible* (*Lévitique,* XVI), chaque année la communauté d'Israël faisait disparaître toutes les impuretés en les transférant symboliquement sur un bouc, ensuite lâché dans le désert (d'où l'épithète *émissaire,* du lat. *emittere* "envoyer").

Bouc émissaire. Personne sur laquelle on fait retomber les fautes des autres. »

Lorsque la mauvaise conscience se fait trop forte dans une société, rien de tel qu'un bouc émissaire pour le charger des crimes à expier. Mounir Bondurand, chercheur associé à l'IRCAV, l'Institut de recherche sur le cinéma et l'audiovisuel à la Sorbonne Nouvelle, est américaniste, spécialiste des médias et de la société américaine.

Il connaît bien la Mystery Winchester House pour l'avoir visitée plusieurs fois. Selon lui, Sarah Winchester dérangeait, car elle incarnait tout ce que son époque rejetait ou du moins craignait, qu'il s'agisse de son statut, son nom, sa fortune ou ses choix de vie. Tous les ingrédients étaient réunis pour la transformer en un parfait bouc émissaire.

L'existence de Sarah Winchester s'est déroulée en grande partie dans le cadre de la société puritaine de la fin du XIXe siècle. Sa classe sociale était pétrie de valeurs victoriennes dont « l'économie de genre » était fondée sur l'utilité sexuelle des individus. Pour les femmes, il existait trois « polarités » possibles : la vierge, la prostituée et la mère. La seule sexualité acceptable dans ce cadre, liée à la reproduction, correspondait à la mère. À l'intérieur de ce triangle, la veuve pose problème parce qu'elle n'entre nulle part. Les valeurs victoriennes rendant le remariage difficile et mal vu – même s'il n'est pas impossible –, la veuve trouve, par son statut, une autonomie sociale et financière qu'elle n'avait jamais eue en tant que mère et épouse. Elle n'a plus de comptes à rendre sur son mode de vie, encore moins si un héritage lui offre une autonomie financière. C'est le cas de Sarah Winchester, qui pourra de ce fait pratiquer l'entrepreneuriat ainsi que l'autoapprentissage, à une époque où les femmes n'avaient pas accès à l'éducation supérieure. La veuve Winchester devient alors une figure doublement problématique, car c'est en toute légitimité qu'elle a acquis une forme d'indépendance, à une époque où les femmes n'avaient aucune liberté.

Cette liberté éclate tout de suite après son veuvage : Sarah Winchester a fait un choix radical en déménageant dans l'Ouest qui, dans les années 1880, conservait une réputation de « sauvagerie », aux antipodes de la société policée de la côte est. Pour autant, elle ne se pose pas en « rebelle », ne rejette en aucune manière la société dont elle est issue et à laquelle elle estime toujours appartenir, ajoute Mounir Bondurand. Cependant, elle affirme farouchement son indépendance d'esprit, que ce soit en finançant les travaux sans fin de la Llanada Villa ou en embauchant des domestiques asiatiques, dont la présence heurtera forcément un voisinage des plus traditionnels et réactionnaires.

Mounir Bondurand reconnaît l'étrangeté de la maison de Sarah Winchester. Mais il estime que cette incroyable construction doit s'interpréter comme une réaction post-traumatique aux nombreux deuils qu'elle a traversés : « *Cette femme va retrouver une force de vie en se ressourçant dans la solitude, dans une vie sociale ramenée à sa plus simple expression, avec la fréquentation de quelques personnes qu'elle choisira. La lecture de sa correspondance avec son avocat Frank Lieb révèle une personne dont la façon de s'exprimer et l'aisance sociale n'ont rien à voir avec l'image d'une folle repliée sur elle-même. Mais cette solitude revendiquée contribuera à en faire un parfait souffre-douleur. Autant de liberté et d'indépendance ne pouvait que déranger son voisinage.* » Nous retrouvons ici le principe du bouc émissaire : quand l'autre dérange par sa différence, il peut être chargé de tous les maux de la société.

Aux yeux des autres, Sarah Winchester, présentée comme une folle, va désormais porter tous les actes que le pays ne veut plus assumer, même les plus lourds, comme le massacre des Amérindiens, explique le chercheur. En cette fin du XIXe siècle, où le chemin de fer relie l'Atlantique au Pacifique, marquant la fin de la Conquête, les habitants du pays commencent à prendre conscience que la jonction des deux rives s'est réalisée au détriment des populations amérindiennes, devenues, au propre comme au figuré, des spectres sur leurs terres ancestrales. Qui d'autre, pour le meilleur ou pour le pire, que Sarah Winchester pour symboliser la jonction de l'Est et de l'Ouest ? Son nom de famille incarne à lui seul un pan de l'histoire des États-Unis que le pays ne souhaite pas regarder : la colonisation. Et ce, encore aujourd'hui ; même si des voix comme celle de Roxanne Dunbar-Ortiz, historienne, féministe et militante de la cause amérindienne, ont pu se faire entendre.

Jusqu'à ces dernières années, m'explique Mounir Bondurand, l'historiographie américaine associait les termes d'« époque coloniale » à la colonisation britannique, une notion qui disparaît soudainement après 1776 et la guerre d'Indépendance. Aucun Wasp, au XIXe siècle et même longtemps après, ne définira son pays comme « colonialiste ». Pourtant, comment désigner autrement que de « coloniale » la politique de Washington qui a consisté à s'emparer de terres, par la force ou par la ruse, tout en pratiquant à l'égard des autochtones une stratégie que l'on pourrait qualifier de génocidaire ? On retrouve d'ailleurs dans l'histoire des États-Unis les légendes typiques des discours coloniaux qui justifient l'expansion et la colonisation : le mythe de la « terre promise », de la « Destinée manifeste » ou de la « frontière ».

Ainsi, déclarer Sarah Winchester folle, maudite et emprisonnée dans un délire sans fin, au cœur d'une maison isolée, permet au reste de la nation de se dédouaner, au prix d'un mensonge inouï et d'une violence extrême envers une femme seule, de tous les crimes commis au nom de tous. Et il ne s'agit pas ici que de théorie. Cette forme de catharsis – « purification de l'âme par le châtiment du coupable » – se pratique encore aujourd'hui chaque jour dans la Winchester Mystery House. La visite en une heure, montre en main, permet au visiteur de découvrir la malédiction individuelle et les péchés collectifs pesant sur une folle : sans aucune remise en question de sa propre histoire, le visiteur américain, par sa simple acceptation du « mythe Winchester », fait peser sur Sarah tout le fardeau de l'histoire coloniale de son pays. *« Pendant qu'on s'amuse chez Sarah la femme folle, on peut continuer à parler sérieusement de la démocratie américaine, puisque tout ce qui n'est pas démocratique a été injecté chez elle. En cela, elle permet de dévier le regard. »*

Cette femme considérée comme démente porte, de surcroît, le nom d'une arme à un moment où les Blancs découvrent avec effroi que la technologie est « neutre ». Au XIXe siècle, l'Occident assoit ses grands récits racistes sur la supériorité de l'homme blanc, aussi bien morale et religieuse (dans le cas des États-Unis, la religion protestante) que scientifique et technique (les vaccins et la Winchester). Cette vision, qui légitime la place de l'homme blanc comme chef de file de l'évolution humaine, vacille pourtant dès les premières années du XXe siècle : la guerre russo-japonaise de 1904-1905 voit le succès d'un peuple non blanc, les Japonais, qui, en moins d'un quart de siècle, s'est approprié les techniques occidentales. Aux États-Unis, la carabine Winchester provoque finalement un traumatisme identique : bijou technologique créé par un Blanc protestant, elle se retrouve, au cours des guerres indiennes, maniée avec autant de dextérité par les Amérindiens que les colons et l'armée. La Winchester n'appartient plus à personne, elle sert la violence, quels que soient le tueur ou la victime. *« Dans l'esprit des Wasp, cette technologie blanche est ternie par la maestria avec laquelle les peuples autochtones se la sont appropriée. Cela jouera aussi dans la façon dont on a voulu mettre au pilori le nom de Sarah Winchester »*, ajoute Mounir Bondurand.

Plus que les autres membres de la famille Winchester, c'est elle, l'électron libre, la femme indépendante, qui s'est retrouvée à porter le poids des morts liés à la carabine et ceux des exactions dues à la conquête coloniale. Aujourd'hui, lorsqu'on circule dans San Jose, le nom de Winchester se retrouve partout, mais jamais le prénom de Sarah. On remonte l'immense boulevard Winchester, on passe devant le garage Winchester, le motel Winchester. Le souvenir de Sarah s'est effacé au profit de la carabine. Car, comme le dit si bien le journaliste à James Stewart, dans *L'Homme qui tua Liberty Valance de* John Ford (1962) : *« Nous sommes dans l'Ouest, ici. Quand la légende dépasse la réalité, on publie la légende. »*

Conclusion

Le 5 septembre 1922, Sarah Winchester meurt entre les murs de la Llanada Villa. Sentant sa fin venir, elle avait demandé à quitter sa maison d'Atherton pour celle de San Jose afin de se trouver au plus près de son médecin, le docteur Clyde Wayland, en qui elle avait toute confiance et dont le propre père, lui aussi médecin, l'avait suivie dès son arrivée en Californie. C'est dans sa chambre à coucher que Sarah Winchester a poussé son dernier soupir, veillée par sa fidèle secrétaire, Henrietta Sivera. Alors que pendant quasiment trente ans la presse n'avait eu de cesse de commenter le moindre de ses faits et gestes et les déformer ignoblement, un simple entrefilet dans le *San Jose Mercury* signale son décès et résume brutalement toute la légende : *« Sarah Winchester convoquée par la mort »*, pouvait-on lire.

Ses obsèques se déroulèrent dans la plus stricte intimité, en présence de ses neveux et nièces et de ses employés. Le cercueil fut ensuite déposé au cimetière d'Alta Mesa, à côté de San Jose, en attendant son transfert à Evergreen, cimetière de New Haven, sa ville natale, où elle avait demandé à être enterrée, auprès de son époux William et de sa fille Annie. La pierre tombale, qui existe toujours, rassemble leurs trois noms.

L'ouverture de son testament, confié à l'avocat Frank Lieb, a révélé tout le soin que Sarah Winchester avait pris pour ses fidèles employés, sa secrétaire Henrietta Sivera, les gardiens des propriétés d'Atherton et de San Jose, John Hansen et James Bogie, Misa Hirata, sa femme de chambre, et Tommie Nishihara, son jardinier, qui, tous, héritèrent d'une somme conséquente pour l'époque. Dans sa famille, toute sa fratrie ayant disparu avant elle, explique Mary Jo Ignoffo, sa principale légataire fut sa nièce Marion « Daisy » Mariott, dont elle était la plus proche et avec qui elle avait passé des années à la Llanada Villa.

Mais la disposition la plus importante de son testament fut prise vis-à-vis du General Hospital Society of Connecticut, l'hôpital de New Haven auquel la discrète Sarah Winchester avait fait don de millions de dollars durant des années, d'abord anonymement, puis sous son nom. À sa mort, en léguant la plus grosse partie de sa fortune à l'hôpital, elle a souhaité que la tuberculose, maladie qui avait emporté son mari, puisse être combattue avec les outils les plus modernes de son temps, grâce à une annexe qui sera nommée William Wirt Winchester Annex. Ce bâtiment existe toujours sous le nom de Winchester Chest Clinic. Comme me le confie dans un soupir Mary Jo Ignoffo, plus que la maison de San Jose, c'est bien cet hôpital qui aura été la grande œuvre, hélas méconnue, de Sarah Winchester.

Le deuil de cette femme, loin de la mener à la folie et à un délire de persécution morbide, aura été bien plus constructif que la légende ne voulait le dire. À travers l'édification de sa maison, Sarah Winchester aura redonné un sens à son existence et, à travers le financement d'un hôpital, elle aura lutté pour que personne n'ait à supporter la disparition d'êtres aimés et n'ait à vivre les deuils qu'elle avait traversés.

Sources

Bibliographie

ADAM Hans Christian, *Edward S. Curtis*, Taschen, 2016.

BAUDOUIN Philippe, *Apparitions. Les archives de la France hantée*, Hoëbecke, Gallimard, 2021.

BAUDOUIN Philippe, *Surnaturelles – Une histoire visuelle des femmes médiums*, Pyramyd éditions, 2021.

BAUDOUIN Philippe et BERTON Mireille, « Les spectres magnétiques de Thomas Alva Edison. Cinématographie, phonographie et sciences des fantômes », *1895. Mille huit cent quatre-vingt-quinze* – Revue de l'association française de recherche sur l'histoire du cinéma, 76-2015, Varia.

https://journals.openedition.org/1895/pdf/5011

BENSAUDE-VINCENT Bernadette et BLONDEL Christine, *Des savants face à l'occulte*, La Découverte, 2002.

CHEVAL Ferdinand, *Histoire du palais idéal édifié à Hauterives – Drôme écrite par son auteur monsieur Ferdinand Cheval, suivi et précédé de quelques notes*, cahier numéro 3 de décembre 1911.

CUCHET Guillaume, *Les Voix d'outre-tombe, tables tournantes, spiritisme et société au XIXe siècle*, Le Seuil, 2012.

DÉLÉAGE Pierre, *Pseudographie, l'écriture révélée d'Emily Babcock*, publié en 2018 aux éditions de l'EHESS, https://journals.openedition.org/lhomme/33018

DÉLÉAGE Pierre, *Traité des mondes factices*, PUF, printemps 2023.

EDELMAN Nicole, *Voyantes, guérisseuses et visionnaires en France 1785-1914*, Albin Michel, 1995.

EIGUER Alberto, *L'Inconscient de la maison*, Dunod, 2004 (rééd. 2021).

IGNOFFO Mary Jo, *Captive of the Labyrinth: Sarah Winchester, Heiress to the Rifle Fortune*, University of Missouri Press, 2010. Nouvelle édition augmentée : *Captive of the Labyrinth : Sarah L. Winchester, Heiress to the Rifle Fortune*, septembre 2022.

JOHNSON Bob, *San Jose*, Arcadia Publishing, 2010.

KROEBER Théodora, *Ishi*, Plon, 1968 (rééd. Pocket, 2002).

MARIENSTRAS Élise, *La Résistance indienne aux États-Unis, XVIe-XXIe siècle*, Gallimard, 1980 (rééd. Folio Histoire, 2014).

MUCHEMBLED Robert, *La Sorcière au village : XVe-XVIIIe siècle*, Gallimard, 1991.

SABBAGH Daniel, *Le Statut des « Asiatiques » aux États-Unis, L'identité américaine dans un miroir*, Presses de Sciences Po | « Critique internationale », 2003/3, n° 20.

https://www.cairn.info/load_pdf.php?ID_ARTICLE=CRII_020_0069&download=1

SAUGET Stéphanie, *Histoire des maisons hantées*, Tallandier, 2011.

SAUGET Stéphanie, « Des maisons hantées en Amérique au XIXe siècle », *Transatlantica* – Revue d'études américaines. *American Studies Journal*, 1-2012.

https://journals.openedition.org/transatlantica/5914

La Légende de Winchester, un mythe patriotique et viril, catalogue de l'exposition, musée d'Art et d'Industrie, Saint-Étienne, édition musée d'Art et d'Industrie, 2003.

Sur la piste des Sioux, catalogue de l'exposition, musée des Confluences, Lyon, Snoeck Publishers, Gand (Belgique), 2021.

Sites Internet

Mary Jo Ignoffo :
https://www.maryjoignoffo.com/
University of Missouri Press (où l'on peut se procurer *Captive of the Labyrinth*) :
https://upress.missouri.edu/9780826222701/captive-of-the-labyrinth/
The Winchester Mystery House :
https://www.winchestermysteryhouse.com/
Aiden Sinclair, illusionniste et médium :
https://www.aidensinclairsunderground.com/

Pour aller plus loin

La Maison hantée de Sarah Winchester, documentaire en deux parties de Céline du Chéné, réalisé par Véronique Samouiloff, dans le cadre d'« Une histoire particulière » sur France Culture. Prises de son : Alexandre Abergel, Claude Niort et Sébastien Royer. Mixage : Olivier Dupré. Coordination : Christine Bernard, assistée de Sylvia Favre.

Diffusion les 12 et 13 février 2022 sur France Culture et écoutable en ligne : https://www.radiofrance.fr/franceculture/podcasts/serie-la-maison-hantee-de-sarah-winchester

Films

Sarah Winchester, opéra fantôme, un film de Bertrand Bonello, 3e Scène, 2017, avec Marie-Agnès Gillot, Reda Kateb et les chœurs de l'Opéra national de Paris (chef des chœurs : José

Luis Basso). Un opéra joué à Bastille et dansé à Garnier qui reprend la légende Sarah Winchester.

Disponible en ligne : https://chezsoi.operadeparis.fr/videos/sarah-winchester-opera-fantome-bertrand-bonello

La Malédiction Winchester, un film de Michael et Peter Spierig, 2018, avec Helen Mirren dans le rôle de Sarah Winchester et Jason Clarke dans celui du médecin psychiatre dépêché par la direction de la Winchester Repeating Arms Company pour constater la folie de la propriétaire…

Mrs. Winchester's House – A Legend Told by Miss Lillian Gish, un documentaire de Dick Williams – diffusé sur KPIX-TV/CBS News, 1963 – qui colporte toutes les rumeurs possibles sur Sarah Winchester. Néanmoins de très belles images de la maison dans les années 1960.

Disponible en ligne : https://diva.sfsu.edu/collections/sfbatv/bundles/189349

Arts

Les Hôtes, une exposition de l'artiste plasticien sonore Jérôme Poret – la Maréchalerie, centre d'art contemporain à Versailles, 2019.

S'inspirant de la légende de Sarah Winchester,

Jérôme Poret a produit un ensemble d'œuvres et d'invitations à l'intersection de l'architecture, du spiritisme et de la phonographie. On lui doit un plan de la maison, *Whisper Room* (2021, sérigraphie or sur papier), la création de la fenêtre-balcon de Sarah Winchester (L 420 cm x l 270 cm x h 130 cm, en bois peint et miroir teint couleur de l'original) et *Les Hôtes*, un vinyle (Label 69, 2021) qui prolonge le projet.
À découvrir sur le site Label 69 :
http://www.labelle69.com/blog/portfolio/les-hotes-jerome-poret/

La Maison Tentaculaire de l'artiste Olivier Morvan, séquencé en chapitres diffusés de manière aléatoire.

La Maison tentaculaire est un film qui propose « une narration à trous, diffractée », tirée d'un séjour de l'artiste en 2016 dans la maison de Sarah Winchester. Labyrinthique, le projet qui en découle emprunte au documentaire comme au conte autant qu'au cinéma de genre (western, fantastique) et au récit de voyage. Projet-chantier, il explore cette bâtisse comme il explore l'inconscient collectif, la mémoire et l'illusion, l'architecture et le mythe.
Extraits de *La Maison Tentaculaire* à découvrir sur :

https://www.youtube.com/watch?v=MnUbFwjJgIU
Site de l'artiste :
https://escapologique.net/

La Dame de Saint-Lunaire, un film écrit et réalisé par Agathe Oléron (2016).

Ce film retrace de façon délicate et artistique le parcours de Jeanne Devidal (1908-2008), constructrice d'une incroyable maison dans la ville balnéaire de Saint-Lunaire, en Bretagne. Une bâtisse qui par certains aspects résonne avec celle de Sarah Winchester.
Extraits à découvrir sur le site du média en ligne KuB (Kultur/Bretagne) :
https://www.kubweb.media/page/agathe-oleron-dame-saint-lunaire/

Bandes dessinées et romans

Barrow Wayne (pseudonyme collectif de Johan Heliot et Xavier Mauméjean), *Bloodsilver*, Folio SF, 2008.
Un roman fantastique dont un chapitre entier intitulé « La Veuve noire » est consacré à la Sarah Winchester de la légende.

Delmas Marie-Charlotte et Cabanes Max, *La maison Winchester*, volume 1, Glénat, 2004.
Un couple de jeunes Français visite la Mystery House dans les années 2000. Sur place, la jeune femme, en proie à des visions, voit le fantôme de Sarah Winchester. Au même moment, un meurtre est commis sur place.

Tomasi Peter J. et Bertram Ian, *Dans l'antre de la pénitence*, Glénat, 2017.
Warren Peck, cow-boy massacreur d'Amérindiens, vient chercher du travail dans la maison de Sarah Winchester, qui deviendra, dans cette bande dessinée, un lieu de rédemption.

Werner Joshua, Irvin Dustin et Birch Justin, *The Winchester Mystery House,* Source Point Press, 2021.
Folie, démesure, superstition et esprits vengeurs, toutes les légendes autour de Sarah Winchester sont reprises dans cette bande dessinée en plusieurs volumes vendue dans la boutique de la Winchester Mystery House…

Remerciements

Je tiens particulièrement à remercier Mary Jo Ignoffo pour son travail remarquable de réhabilitation de Sarah Winchester ainsi que l'historienne Stéphanie Sauget sans qui je n'aurais jamais découvert la maison de Sarah Winchester.

Merci à l'artiste plasticien sonore Jérôme Poret ainsi qu'à Philippe Baudouin, Mounir Bondurand, Pierre Déléage, Alberto Eiguer pour leurs entretiens.

Merci aussi à Cate Mills, conservatrice en chef des archives de San Jose, Marie Robert, conservatrice en chef – photographie & cinéma du musée d'Orsay, Fabrice Golec, gestionnaire du cabinet des arts graphiques du musée d'Orsay, ainsi que Nathalie Latour, Laetitia Barbier et Joanna Ebenstein.

Table des matières

Conseiller historique :
Alexis Charniguet

Composition
PRESS·PROD

Imprimé en Espagne
Dépôt légal : octobre 2022
N° d'impression : 01
ISBN : 978-2-7499-5156-0
LAF : 3292